CLOVIS
GOSSELIN

PARIS. — IMP. SIMON RAÇON ET COMP., RUE D'ERFURTH, 1.

ALPHONSE KARR

CLOVIS GOSSELIN

PARIS
ADOLPHE DELAHAYS, ÉDITEUR
4-6, RUE VOLTAIRE, 4-6

1855

PRÉFACE.

Supposons deux médecins — le premier a la figure grave, et le discours austère et suffisamment mêlé de latin — il passe sa vie à préparer des médicaments amers et nauséabonds, de couleur brune ou noire, dont il remplit des fioles d'un aspect lugubre. Il met des étiquettes sur ces fioles, il les range solennellement sur des rayons, et il attend qu'on vienne les lui demander.

L'autre est avenant et bienveillant, ses paroles sont simples, claires et surtout consolantes — jamais il ne vous parle de médécine ni de pharmacie, mais en causant avec vous, il a vu votre mal — il vous retient à dîner; le dîner se compose de mets qu'il sait que vous aimez. Vous partez le soir, et sans vous en être aperçu, vous avez, tout en faisant un repas agréable, absorbé les substances salutaires qui doivent vous guérir.

Qu'on n'appelle pas *docteur*, si l'on veut, le second de ces médecins — mais qu'on reconnaisse qu'il guérit ou soulage plus de malades que l'autre. On affecte souvent de dédaigner le roman — ce n'est pas à propos d'un roman de moi que je me permettrai de défendre ce genre de littérature. Cependant on lit beaucoup de romans, et bien des gens n'ont jamais lu et ne lisent jamais autre chose. — Ne vaut-il pas mieux glisser quelques vérités utiles dans des livres qu'on lit à tort ou à raison, que de les développer dans de beaux livres que la plupart des gens ont le tort d'enfermer à double tour dans des bibliothèques? Le présent petit livre a voulu montrer la plus dangereuse tendance peut-être de ce temps-ci. Peut-être ai-je tort d'en avertir mes lecteurs. — Je terminerai cependant cette préface par une fable qui explique suffisamment ce que j'ai voulu dire.

Je vois en ce moment sur une pelouse une chèvre blanche, qui n'a pour occupation que de tondre l'herbe dans tout le cercle que lui permet d'atteindre la corde qui l'attache à un piquet. Deux ou trois fois par jour, on la change de place pour qu'elle trouve toujours de l'herbe nouvelle. Voilà bien des fois que je regarde cette chèvre et chaque fois je fais à son sujet la même observation.

Sa corde est longue, et elle pourrait paître une herbe grasse et verte pendant deux heures. Mais elle commence toujours par tirer sur son lien et manger à l'extrémité de sa corde, se mettant sur les genoux, dont le poil est usé, pour atteindre plus loin, attirant du bout de la langue des brins d'herbe hors de sa portée, et faisant tant d'efforts que son collier l'étrangle et la fait tousser. — Ce n'est que lorsqu'elle a mangé au raz de la terre l'herbe qui paraissait hors de sa portée qu'elle se décide à manger celle qu'elle peut atteindre plus facilement, tout en faisant de nouveaux efforts de temps en temps et en donnant des secousses à sa corde.

Pour l'herbe qui est au centre, elle ne la touche pas, quelque belle et appétissante qu'elle soit; elle ne la mange que lorsqu'on a planté plus loin le piquet qui l'attache et que cette herbe se trouve à son tour placée à l'extrémité du nouveau cercle qu'il lui est permis de parcourir.

C'est précisément ce que nous faisons tous dans la vie... Chacun de nous a son piquet, sa corde et son cercle tracé. Presque toujours, au dedans du cercle, il trouverait une pâture facile pour son corps, pour son esprit et pour son cœur. — Chaque pelouse a au moins ses pâquerettes. — Eh bien ! nous usons notre force, et quelques-uns aussi leurs genoux, à atteindre ce qui est en dehors.

C'est une inquiétude, une maladie plus épidémique en ces temps-ci qu'en aucun autre ; il y a cinq ou six rôles que tous veulent jouer, quelque peu aptes que la nature les y ait créés...

Cette fable prouve que les animaux, quelquefois, ne sont pas plus raisonnables que les hommes.

Alphonse KARR.

CLOVIS GOSSELIN.

CHAPITRE I.

Comment Césaire Gosselin rentra dans ses foyers.—Naissance d'Antoine-Clovis Gosselin.

Voici à peu près comment Césaire Gosselin racontait l'événement qui l'avait ramené dans ses foyers — régulièrement une fois par semaine — le dimanche, à l'issue du dîner — et ensuite, accidentellement, chaque fois qu'il rencontrait un auditeur bénévole — ou chaque fois qu'un verre de cidre offert par lui, Césaire Gosselin, lui donnait des droits incontestables à la reconnaissance et à l'attention de n'importe qui.

Césaire Gosselin était cultivateur — mais, à

l'âge de dix-huit ans — étant encore chez son père — il lui avait plu de rassembler les ennuis et les fatigues de son métier, et ensuite de mettre en regard — les charmes et les plaisirs du métier des pêcheurs. — Le bonheur est comme les nuages à l'horizon — toujours en avant ou en arrière — jamais où on se trouve. — Le procédé qu'employa Césaire Gosselin pour examiner impartialement l'état de laboureur et celui de marin, et se décider, après ce sérieux examen, est très-ordinairement employé par tout le monde. — On plaide par-devant soi-même une cause que l'on a jugée d'avance; on se décrit l'envers de sa position, que l'on compare à l'endroit de la position des autres. — Mais comme les gens agissent ainsi à leur insu, il n'est peut-être pas hors de propos d'en donner un bref spécimen.

Quand on est laboureur, se disait Césaire Gosselin — il faut dehors, à la pluie, à la neige, travailler au froid — il faut labourer, semer, herser, faucher et endurer toutes les fatigues imaginables — et puis il y a des années où la récolte ne rend pas, et la fatigue et le travaille sont perdus.

Quand on est pêcheur, au contraire, le vent travaille pour vous ; une petite brise de sud-est tempère l'ardeur du soleil et conduit votre canot — on glisse sur la mer bleue comme un cygne — on s'amuse à tendre des filets et à pêcher à la ligne — un des plus grands plaisirs qui existent — et le soir on rentre chargé de poissons que les femmes vont vendre au marché.

— Réellement, dit-il en se résumant, c'est un beau métier que celui de marin et un sot état que celui de laboureur. Je ne dirai à personne le résultat de mon consciencieux examen, car pas un des laboureurs que je connais ne voudrait rester laboureur ; tout le monde voudrait être pêcheur, et la terre se trouverait bien embarrassée.

Césaire Gosselin se fit donc pêcheur. Pendant longtemps d'abord il fut en butte aux sarcasmes des anciens pêcheurs, qui professent un grand mépris pour les cultivateurs qu'ils désignent tous sous le nom de berquers (bergers), mais il s'y accoutuma ; pendant longtemps il fut malade à la mer, mais il s'y accoutuma. Il s'aperçut qu'il n'avait pas, dans son examen comparatif des deux professions, tenu assez de compte de certains détails. En face de la légère brise de sud-est qui fait glisser les canots comme un cygne sur la mer bleue, il avait négligé de se représenter de furieux vents de nord-ouest, empêchant de mettre les canots à la mer bouleversée pendant quinze jours — ou les renversant et noyant les pêcheurs — puis les jours où l'on ne prend pas de poisson, puis la pluie comme sur la terre et le froid un peu plus vif, etc. — Entre les choses qu'il avait oubliées, il y en avait une assez grave — c'est que pour exercer la pêche, il faut être marin — que quand on est marin on est inscrit au bureau des classes maritimes — et que quand on est inscrit au bureau des classes maritimes, on est à la disposition du ministre de la marine depuis seize ans jusqu'à un âge qui a varié, à diverses époques, de 40 à 60 ans. — Cette circonstance lui fut rappelée un matin par un gendarme qui lui remit une feuille de route pour Cherbourg. — Il avait douze heures pour faire ses adieux et son paquet, et aller prendre au Havre le bateau qui devait le conduire à Cherbourg, ainsi qu'une cinquantaine d'autres pêcheurs ramassés comme lui sur la côte. Arrivé à Cherbourg, il fit comme les autres, passa sur divers navires, puis enfin, comme on avait la guerre avec les Anglais, il resta sur une goëlette armée en corsaire dont l'état était de surprendre les navires marchands, de les amener dans un port français et de les vendre avec leur cargaison — d'autre part, il fallait avec un soin au moins égal éviter les vaisseaux de guerre qui ont les jambes longues, et des canons qui portent loin.

Après plusieurs affaires heureuses, il arriva un jour que le capitaine du corsaire aperçut un petit navire marchand anglais qui lui parut de bonne et facile prise. — On commença à courir dessus avec une ardeur qui s'augmenta singulièrement, quand on s'aperçut que le navire faisait force de voile pour éviter le corsaire dont la goëlette s'appelait l'*Aimable-Adèle*. —

L'*Aimable-Adèle* gagnait sur l'Anglais et gagnait si bien, que quand le capitaine découvrit qu'il était dupe d'une ruse de guerre et que le prétendu navire de commerce était un corsaire comme lui, plus fort que lui et ayant au moins le double de canons — il n'était plus temps d'éviter le combat que tout annonçait ne devoir pas avoir une issue heureuse pour l'*Aimable-Adèle*.

— Holà, garçons! dit le capitaine — nous sommes tombés dans un piége; l'Anglais nous a joués. Il n'est pas honteux à la mer de fuir devant un ennemi plus fort que soi, parce que la fuite demande de l'habileté, et qu'une fuite bien réussie est une victoire sur l'ennemi plus fort qui poursuit. Cependant nous ne fuirons pas — pour deux causes — la première, c'est que si l'Anglais est mieux armé que nous, la différence n'est pas tellement grande qu'on ne puisse la compenser en pointant mieux les canons et en les servant plus vite, et en tapant plus dru quand nous en serons à l'abordage. — La seconde raison pour laquelle nous ne fuirons pas — c'est que l'Anglais marche mieux que nous, et que s'il s'est laissé atteindre, c'est que c'était dans son plan. Il s'agit donc de se battre — de se battre pour la vie. — Et... vive la France !

Le capitaine ne se trompait pas — l'Anglais voyant l'*Aimable-Adèle* dans le panneau, se préparait au combat. A peine avions-nous eu le temps de l'imiter, disait Césaire, et de nous ranger chacun à notre poste, qu'il était sur nous à portée de pistolet. Le capitaine eut la curiosité, avant de commencer le combat, de savoir le nom d'un navire si surprenant par sa légèreté, et il le demanda au capitaine anglais avec son porte-voix; — celui-ci le trouva mauvais.— car en répondant « *Lively*, » qui était le nom du navire, il nous envoya toute sa bordée de canon et de mousqueterie tirée presque à bout portant. Tous ces coups donnèrent dans le corps de l'*Aimable-Adèle*, qui aurait eu beaucoup de monde hors de combat, sans l'ordre qu'avait donné le capitaine à tous nos gens et même aux officiers de se coucher à plat ventre et de ne se relever qu'au signal qu'il leur en ferait lui-même. — C'est ce que nous fîmes, et nous relevant avec un immense cri de : Vive la France! nous pointâmes les canons sans nous presser. — Cet ordre exécuté régulièrement réussit à souhait : nous n'avions qu'un homme tué et un blessé, et il y eut plus de dix hommes tués sur le *Lively*.

Le désordre y fut si grand que nous n'aurions pas manqué de l'enlever d'emblée, si le capitaine avait ordonné l'abordage. — Mais depuis quelques instants déjà il interrogeait l'horizon avec sa longue vue—et il venait de se convaincre que deux croiseurs anglais arrivaient sur nous à toutes voiles et ne manqueraient pas de nous tomber sur le corps avant que nous eussions eu le temps de prendre le *Lively* à l'abordage. — Celui-ci, cependant, s'était éloigné jusqu'à une bonne portée de canon et nous envoyait quelques volées qui ne nous atteignaient pas. L'Anglais avait vu, de son côté, le secours qui lui arrivait, et il préférait l'attendre pour recommencer le combat. Sur ces entrefaites, le vent cessa, la nuit s'étendit sur la mer et les trois navires nous entourèrent. Ils étaient bien persuadés que nous ne leur échapperions pas, et qu'à la pointe du jour ils se rendraient maîtres de notre goëlette avec moins de risque et plus de facilité. Nous en étions également bien convaincus de notre côté. Le capitaine nous appela à l'arrière et nous dit :

— Or sus ! garçons, je ne vois aucune apparence de sauver d'ici ni l'*Aimable-Adèle* ni l'équipage que j'ai l'honneur de commander. — Il faut au moins soutenir l'honneur de la France —et mourir honnêtement. — La meilleure manière—à mon avis—est d'essuyer, sans y répondre, les feux que les Anglais ne vont pas tarder à croiser sur nous, et d'aller, tête baissée, aborder de corps le plus fort des trois Anglais. — Pour plus grande sûreté, je tiendrai moi-même le gouvernail de la goëlette jusqu'à ce qu'elle soit accrochée au bord de l'ennemi, lequel, ne s'attendant pas à un pareil abordage, nous donnera peut-être l'occasion de faire une action brillante pour nous et glorieuse pour le pavillon, avant de succomber sous le nombre. — Si

1.

le pavillon français est abaissé, au moins ça ne sera pas par mes propres mains. Quelqu'un a-t-il un meilleur avis?

L'avis de tout le monde était qu'il aurait mieux valu s'enfuir. Jean Bart a fait des fuites glorieuses, et Duguay-Trouin entre autres, en 1705, montant le *Jason*, a échappé par une fuite habile à des vaisseaux anglais qui l'avaient cerné : mais nous n'avions pas le choix. — Il n'y avait pas un souffle de vent.

On se rattacha donc à l'idée du capitaine, et il fut convenu qu'au petit jour nous aviserions à nous faire tuer de la façon la plus convenable pour nous et la plus désagréable pour les Anglais.

Le capitaine donna ses ordres, et nous attendîmes le jour qui devait être le dernier. — Le capitaine se promenait tristement sur le gaillard d'arrière—tout à coup il fit signe au second, qui ne se promenait pas moins tristement—de venir à lui, et il lui fit voir qu'il se formait une noirceur à l'horizon et que cette noirceur augmentait peu à peu.

—C'est le vent qui arrive, lui dit-il à voix

basse — et Dieu ne veut pas que nous périssions aujourd'hui.

Nous avions nos basses voiles carguées et nos huniers tous bas à cause du calme — il nous les fit rappareiller sans bruit et en même temps orienter toutes les autres pour recevoir la fraîcheur qui s'avançait.

Peu de temps après, en effet, le vent arriva, et trouvant toutes nos voiles disposées à le recevoir, il fit tout d'un coup aller l'*Aimable-Adèle* de l'avant. Les Anglais qui dormaient en toute confiance n'avaient pas songé à se mettre dans le même état. Dans leur surprise ils perdirent un temps considérable à hisser leurs voiles et à mettre vent arrière pour nous rejoindre. — Mais pendant cette manœuvre nous avions pris sur eux une bonne portée de canon d'avance — et le vent venant à fraîchir, l'*Aimable-Adèle* laissa les ennemis la canonner de loin sans l'atteindre.

Dans ce salut inespéré — le capitaine et l'équipage se mirent à genoux et rendirent grâces à Dieu. — Je dis l'équipage — car, seul malheu-

-reux dans le salut commun, j'étais tombé à la mer en appareillant, après avoir reçu un violent coup à la tête sur une vergue. — Je ne sais donc que par ouï-dire ce qui se passa depuis sur l'*Aimable-Adèle* — je ne revins à moi que le lendemain à fond de cale du *Lively* — par suite de quoi je passai trois ans prisonnier en Angleterre — par suite de quoi nous nous sauvâmes à trois sur un canot volé à un Anglais — nous n'arrivâmes que deux en vue de Barfleur — le troisième était mort en route de froid, de fatigue et de faim. — Nous ne valions guère mieux quand des pêcheurs français nous prirent à leur bord — par suite de quoi je revins ici où j'épousai Astérie Quertier, qui m'avait fidèlement attendu, quoiqu'on eût dit au pays que je m'étais noyé. — Ce qui ne m'avait pas moins fidèlement attendu, c'était ma part de prises à bord de l'*Aimable-Adèle*. — J'achetai cette masure avec un peu de terre dans la plaine — et nous vivons trop heureux — surtout depuis que nous avons un fils qui est né l'année dernière — et qui joue là-bas avec le chien de garde.

Césaire Gosselin avait raison de dire qu'il était trop heureux, ça ne pouvait pas durer. Il s'était toujours ressenti par intervalles de sa blessure à la tête. Il tomba malade — la blessure se rouvrit et il mourut — laissant sa veuve et son fils, Antoine-Clovis, avec la masure et le petit lot de terre pour toute fortune — attendu qu'il n'avait pas accompli le temps de service nécessaire pour que sa femme eût une pension.

CHAPITRE II.

Astérie Quertier (veuve Gosselin).

La constance qu'avait mise Astérie Quertier à attendre son fiancé, Césaire Gosselin, pendant plusieurs années après que le bruit de sa mort s'était répandu — se reproduisait dans toutes les autres actions de sa vie. Dans les grandes occasions, cette constance s'élevait à la fermeté — mais dans les petites, elle dégénérait quelquefois en entêtement. — Césaire Gosselin, de son vivant, disait volontiers ceci : — Comme on finit toujours par céder aux femmes, j'ai pris un sage parti, je cède tout de suite sans combat et sans résistance. — Astérie Quertier était donc restée veuve avec une petite fortune qui se composait de la masure, maison d'habitation entourée d'arbres et de quelques pièces de terre au dehors. Elle aurait pu être heureuse après le temps nécessaire pour se consoler de la perte de son mari, — élever convenablement son fils Clovis et en faire un bon cultivateur, comme avait été le père Quertier; mais Clovis avait à peine trois mois qu'elle avait déjà remarqué en lui des signes certains d'une intelligence supérieure. — Quand il eut six mois, elle déclara que ce serait *un meurtre* que de laisser un enfant aussi distingué devenir un simple paysan et enfouir dans le fond d'une campagne les hautes facultés que lui avait prodiguées la nature. — C'est pourquoi dès l'âge de quatre ans le pauvre petit Clovis allait déjà à l'école — où il apprenait à lire, à faire voler des hannetons — et à attacher un petit morceau de papier à l'abdomen des mouches — ce qui le mena jusqu'à neuf ou dix ans — en y ajoutant l'écriture et l'art de lancer des pierres et de jouer à la balle. — A part l'école, la vie du petit Clovis était assez douce.

La masure était une charmante habitation. Le chaume qui la couvrait était tapissé de mousse du côté du nord. Des iris élevaient sur sa crête leurs feuilles aiguës et leurs fleurs violettes — il y avait dans la cheminée un nid dans lequel des hirondelles venaient pondre et couver leurs œufs tous les ans. — Un vieux chèvrefeuille couvrait en partie la façade de la chaumière et poussait avec un tel luxe de végétation qu'il fallait chaque année couper quelques branches qui auraient obstrué les fenêtres, la cour... — On appelle ainsi en Normandie toute autre chose que ce qu'on appelle cour à Paris. — Une cour normande est un grand carré de terre couvert d'herbes et entouré d'une haie d'épines entre des chênes et des ormeaux plantés sur un fossé.

— Il faut ouvrir ici une nouvelle parenthèse pour dire que le mot fossé a également, en Normandie, un sens tout différent de celui qu'il a, je crois, partout ailleurs.

On appelle fossé — précisément le contraire de ce qui s'appelle d'ordinaire un fossé — c'est-à-dire un talus haut de 4 à 6 pieds en forme de

petites murailles qui entoure une cour et sur lequel on plante des arbres. Je disais donc que la cour était remplie de pommiers — vieux arbres rugueux et moussus — qui, tous les ans se chargeaient au mois de mai de fleurs blanches et roses d'une fraîcheur et d'un éclat enchanteurs.
— Une grande mare servait d'asile à des canards dont le col vert miroitait au soleil. — Outre les pommiers — il y avait dans la cour des groseilliers à maquereau et des groseilliers à grappes appelés gadeliers — l'herbe était parsemée de violettes — les unes de la couleur ordinaire, les autres blanches (celles-ci sont très-communes en Normandie) — et de bassinets jaunes, sorte de boutons d'or à pétales pointus qui couvrent presque entièrement la terre au printemps.

Outre les canards dont nous avons parlé, la cour était encore habitée par un coq et une douzaine de poules, par des pigeons au plumage chatoyant, par une vache et par un âne. Un chien complétait les hôtes de la maison. — Clovis avait lié avec le chien une amitié étroite — et plus d'une fois on le trouvait endormi dans la cabane de Ronflo, dans la paille côte à côte avec son ami. Les relations de Clovis avec les autres animaux étaient moins intimes. — S'il persécutait un peu les uns, il redoutait assez les autres — le tout relativement à la grosseur et à la méchanceté présumée de chacun d'eux. — Il y avait bien aussi à un des angles de la maison trois ruches, mais depuis que Clovis avait encouru le ressentiment des abeilles pour avoir voulu les regarder de trop près, il n'avait pas oublié sa fuite, ses nombreuses blessures, sa terreur et ses souffrances, de sorte qu'il arrivait fort rarement qu'il allât de ce côté — ou, s'il y allait, il ne s'arrêtait guère en route, et passait rapidement devant la forteresse redoutée de ses ennemis victorieux.

Un jour Clovis entendit pleurer de l'autre côté de la haie. — Il se hissa de son mieux sur le fossé en s'accrochant aux branches des chênes — et il aperçut dans la cour voisine une charmante petite fille qui se livrait au plus profond désespoir. — Ohé! la petite — qu'est-ce que tu as à pleurer? — demanda Clovis. —

Mais la petite fille ne put répondre d'une façon intelligible, tant ses paroles étaient entrecoupées de sanglots. — Mais ses grands yeux bleus mouillés de larmes se levaient vers les branches les plus élevées d'un des chênes plantés sur le fossé. — Clovis suivit la direction de ses regards et vit un chardonneret qui se balançait sur le faîte de l'arbre. — C'est cet oiseau-là que tu veux — dit-il — et, lançant une pierre avec une habileté qui l'avait rendu célèbre parmi les polissons du bourg — il atteignit l'oiseau, qui tomba mort de branche en branche jusque par terre. — Les pleurs de la petite fille redoublèrent alors et furent accompagnés de grands cris qui attirèrent la voisine sa mère. — La petite se jeta dans ses bras et lui fit comprendre que ce méchant garçon venait de tuer d'un coup de pierre son cher chardonneret qui s'était échappé de sa cage.

La voisine fit de rudes reproches à Clovis et emmena la petite fille en lui faisant, pour la consoler, de magnifiques promesses de pommes et de bonbons.

Clovis, resté seul, se sentit le cœur gros : on venait de le gronder aussi fort qu'il l'eût jamais été de sa vie, et cependant il n'avait pas eu de mauvaise intention. Il avait cru que la petite fille voulait avoir cet oiseau, qu'il ne savait pas lui appartenir — et d'ailleurs fût-il cent fois à elle, il fallait ou le laisser s'en aller ou le tuer ; il n'y avait pas moyen de le poursuivre dans les branches des chênes. — Il avait été stupéfait des reproches qu'on lui adressait et n'avait pu se défendre. Il fut triste et distrait pendant le souper. Le endemain il monta sur le fossé pour tâcher de voir la petite voisine ; elle était dans la cour, mais aussitôt qu'elle l'aperçut elle rentra dans la maison en donnant les marques d'un grand effroi de l'assassin de son pauvre chardonneret.

Le surlendemain était un dimanche ; Clovis prit les quelques sous que sa mère lui donnait ce jour-là et s'en alla chez un paysan qui demeurait à l'autre bout du village et qui était renommé pour prendre et élever les oiseaux. Il marchanda un beau chardonneret dans une petite cage, mais le prix qu'on en demandait dépassait de beaucoup ses ressources, et il sortit de chez l'oiseleur avec une envie de pleurer qu'il ne tarda pas à contenter, en se reprochant amèrement les folles dépenses en douillons (poires cuites dans la pâte) qu'il avait faites les dimanches précédents. Quand il eut suffisamment pleuré il réfléchit, et le résultat de ses réflexions fut qu'il retourna chez l'oiseleur auquel il proposa une combinaison financière que celui-ci accepta après quelque hésitation. Cette combinaison était que l'oiseleur lui livrerait immédiatement le chardonneret et la cage contre les quelques sous que Clovis avait à sa disposition — à la condition que l'acquéreur lui apporterait tous les dimanches quatre sous jusqu'à parfait paiement de la somme énorme de quinze sous. Clovis retourna donc à la maison — perdu de dettes, mais aussi heureux qu'il avait été désespéré quelques instants auparavant. Possesseur de l'oiseau, il attacha la cage à une branche d'arbre qui pendait sur la cour de sa petite voisine, et se tint aux environs, assez près pour préserver l'oiseau de tout accident, assez loin pour ne pas effrayer sa voisine. Mais elle ne parut ni ce jour-là, ni les jours suivants. Clovis alors alla rôder autour de la maison, et il ne tarda pas à apprendre que la petite fille était au lit, malade, et qu'on ne laissait aucun autre enfant entrer dans sa chambre. Il épia alors la voisine, madame Séminel, et la voyant sortir pour aller chercher quelque médicament pour l'enfant, il se glissa tout doucement dans la maison avec sa cage. La petite fille avait la petite vérole. C'est pourquoi on écartait d'elle et de sa chambre tous les autres enfants qui auraient pu prendre le mal. Elle était assoupie, mais, malgré les précautions de Clovis, il fit un peu de bruit en posant la cage sur une table qui était à côté du lit, et elle se réveilla, mais tellement accablée par la fièvre, qu'elle ne fit aucun mouvement, et suivit seulement des yeux Clovis qu'elle ne reconnut pas. La cage placée, Clovis s'enfuit, et voyant de loin madame Séminel qui rentrait, il s'échappa par le fond de la cour, en franchissant le fossé qui séparait les deux habitations. — La joie de l'enfant fut grande en voyant l'oiseau qu'elle croyait être celui qu'elle avait perdu et pleuré de si bon cœur — elle ne put rien répondre de précis aux questions que lui fit sa mère, questions peu nombreuses pour ne pas la fatiguer — puis elle s'endormit.

Elle ne tarda pas à recouvrer la santé. Comme elle avait souvent demandé qui lui avait rapporté son chardonneret, sa mère, ne pouvant satisfaire sa curiosité, et voulant cependant la calmer, avait fini par lui dire que c'était son ange gardien. Mais on ne tarda pas à connaître l'auteur du présent. On sut bientôt qu'à la suite de grandes douleurs de tête le petit Gosselin était au lit, et que le médecin l'avait déclaré atteint de la petite vérole. A force de questions, on lui fit avouer qu'il s'était introduit chez la voisine Séminel pendant que la petite fille était malade.

Les deux mères se trouvèrent ainsi en relations et ne tardèrent pas à se lier étroitement. Toutes deux, d'ailleurs, étaient veuves de soldats. Toutes deux étaient restées avec un enfant, à cette différence qu'Astérie était propriétaire et demeurait chez elle, tandis que Mme Séminel tenait sa maison *à fief* et payait une redevance de 80 francs par an. — De plus elle travaillait en journée pour augmenter la toute petite pension qu'elle recevait depuis la mort de son mari.

La première fois que Clovis, étant guéri, les deux enfants se revirent, la petite fille aborda Clovis avec un sentiment de joie et de vénération causé par le souvenir de ce que lui avait dit sa mère sur le personnage mystérieux qui lui avait apporté l'oiseau. Elle prenait Clovis pour son ange gardien, et de la peur qu'il lui avait inspirée à leur première rencontre, et du plaisir que lui avait apporté la seconde, elle avait composé un sentiment d'affection presque respectueuse. Un attrait puissant attirait cependant les deux enfants l'un vers l'autre, et il n'y avait pas un mois que Clovis était guéri que déjà, trouvant long et gênant de faire le tour par les portes pour se réunir à la petite Isoline, non pas pour lui qui avait bien vite fait de franchir le fossé et la haie, mais pour elle, il avait pratiqué dans le talus, au-dessous de la haie qui séparait les deux habitations, un trou qui leur permettait de passer librement et à tout instant d'une cour dans l'autre. Là il lui disait : — Il n'y a pas de gades (groseilles) dans ta cour; cueille et mange celles qui sont ici — cueille aussi des violettes autant que tu en voudras. — Si bien qu'un jour que les deux mères les regardaient, la veuve Séminel dit à la veuve Gosselin : — Que comptez-vous faire de Clovis ? — A quoi la veuve Gosselin prit un air capable et dit : — Qui sait ce que Clovis deviendra ? Et vous, quelles sont vos intentions pour Isoline ? — Elles sont bien simples, reprit la veuve Séminel ; elle commence à très-bien filer, elle sait coudre, lire un peu, écrire en demigros; elle sera bien au fait du ménage, honnête, pieuse, travaillante. Elle attendra qu'il se présente un brave homme qui prenne sa figure, son caractère, son amour du travail et sa science du ménage pour une dot. — A la façon dont la veuve Séminel prononça ces paroles, il sembla à la veuve Gosselin qu'elle avait laissé entrer dans son esprit des idées remarquablement ambitieuses — ce qui fit qu'elle la quitta froidement.

Sans doute elle s'endormit préoccupée des hautes destinées de son fils, et dans son sommeil, elle mêla ses diverses impressions de la journée, pour en faire un ensemble assez incohérent; ce qui produisit un songe extraordinaire. Les songes, en effet, se font comme les figures dans les kaléidoscopes — des idées ordonnées et réglées dans l'état de veille se groupent au hasard dans le sommeil et produisent des images bizarres, dans lesquelles on fait entrer toutes sortes de souvenirs confus et parfois même des bruits qui réveillent à moitié.

La veuve Gosselin rêva qu'elle voyait un cheval pie sans cavalier dans le chemin qui conduisait à sa masure. Ce cheval était sellé et bridé. En le regardant plus attentivement, elle reconnut le cheval d'un officier de santé, chirurgien d'armée, qui s'était depuis longtemps retiré dans le pays, et qui traitait à peu près tout l'arrondissement dans un rayon de quatre à cinq lieues. L'image du médecin et celle du cheval pie étaient présentes à la mère, car c'était ce même docteur Lemonnier qui avait soigné successivement la petite Isoline et Clovis Gosselin.

Quoi qu'il en soit, le cheval était seul dans le rêve de la veuve Gosselin. Il vint un homme qui s'approcha du cheval et qui voulut le monter, mais le cheval lui lança une ruade qui le jeta à terre, et se sauva au galop. Plusieurs personnes se mirent à sa poursuite, essayant de s'élancer en selle, mais elles tombaient sous les pieds du cheval, ou sautaient par-dessus lui et retombaient de l'autre côté. Tout à coup Clovis Gosselin parût, et, d'une main, saisissant la crinière de l'animal, il s'élança sur son dos. — Alors le cheval pie se soumit et se laissa monter sans résistance. La veuve Gosselin se réveilla et dit : Le docteur Lemonnier est mort, et c'est mon fils qui le remplacera.

Il faut dire que docteur Lemonnier était fort vieux et malade déjà depuis longtemps. Néan-

moins, quand la veuve Gosselin apprit que, si le docteur n'était pas mort, il était très-dangereusement attaqué et au lit, elle eut peur elle-même de la presque réalisation de son rêve. Le docteur mourut peu de temps après, et Astérie Gosselin, quand elle racontait son rêve — changeait un peu les paroles qu'elle avait prononcées en se réveillant — et disait qu'elle s'était écriée :
— Le docteur Lemonnier va bientôt mourir. Toujours est-il que son rêve s'étant réalisé relativement à la mort du docteur Lemonnier, elle ne fit pas le moindre doute qu'il ne se réalisât également à l'égard de Clovis et qu'il ne fût appelé à devenir un médecin, et un grand médecin qui hériterait du cheval pie et de la clientèle du docteur Lemonnier.

— Et cette pauvre Séminel, pensa-t-elle, qui s'avise de rêver que sa petite Isoline épousera Clovis ! Il y a réellement des gens bien extraordinaires par leur manie de vouloir sortir de leur classe, et rêver des destinées auxquelles ils ne sont pas appelés ! — Puis, laissant aller son imagination, elle se dit : Ce serait vraiment dommage qu'un grand médecin comme Clovis enterrât ses talents dans un mauvais bourg; il est évident que ses facultés l'appellent à exercer la médecine à Paris. Elle commença à trouver qu'on payait bien peu les visites de médecins à la campagne, et un jour elle soutint que la dette que l'on devait acquitter le plus scrupuleusement et le plus vite c'était celle que l'on avait contractée envers un médecin. Elle avait bien envie d'acheter le cheval pie du docteur, mais elle réfléchit que Clovis n'avait pas encore douze ans, que le cheval était son aîné de quelques années, et qu'il serait sans aucun doute mort de vieillesse avant le jour où Antoine-Clovis Gosselin serait reçu docteur et recevrait le droit, par son diplome, *impunè medicandi et occidendi per totam terram.*

CHAPITRE III.

Clovis au latin.

Son parti était pris, elle alla trouver le maître d'école et lui dit : Or ça! maître Hérambert, savez-vous le latin?

— Ma bonne dame, répondit le clerc, ce que je puis vous dire avec certitude, c'est que j'en ai appris beaucoup, longtemps, et pour beaucoup d'argent; que je suis prêt à céder ce que j'en sais fort au-dessous du prix de revient.

— Eh bien! maître Hérambert, il faut mettre mon fils au latin — et ça pas demain, mais aujourd'hui — pas ce soir, mais ce matin — en un mot, tout de suite au plus tard.

— Eh! mon Dieu, ma bonne dame Gosselin, pourquoi voulez-vous mettre au latin ce petit Clovis qui est un charmant enfant et qui n'a aucune méchanceté?

— Mais, continua la veuve Gosselin, quand je dis qu'il faut le mettre au latin, je parle du vrai latin, de celui qu'on chante à l'église, tout ce qu'il y a de mieux en latin — si vous n'en tenez pas, il vaut mieux le dire. — On en aura ailleurs pour son argent.

— Ne vous fâchez pas, ma bonne dame Gosselin ; je vous assure que je suis enchanté de trouver le placement de mon pauvre latin et d'en vendre un peu. Il y a dix ans que je suis ici, et on ne m'en avait jamais demandé ; mais je vois à votre air que vous craignez que mon latin ne soit éventé : c'est une erreur, ma bonne dame Gosselin — je l'ai tenu si bien bouché qu'il est parfaitement conservé, et je vous le garantis même de qualité supérieure à celui de monsieur le curé.

— Il faut que dans quelques mois il soit capable d'entrer au collége.

— Au collége! Ma bonne dame Gosselin! croyez-moi, que votre fils sache lire, écrire et compter — tout homme doit le savoir ; un homme qui ne possède pas ces connaissances est un infirme ; ceux qui savent lire et écrire parlent au loin et entendent les absents ; celui qui ne sait ni lire ni écrire est relativement muet et sourd, puisqu'il n'entend plus et ne peut plus se faire entendre à une distance où les autres parlent et entendent — mais ceux-là seulement qui doivent passer leur vie dans les loisirs que donne la fortune acquise, ou ceux qui sont entraînés malgré eux dans les carrières laborieuses des lettres et des sciences, par des facultés extraordinaires et des tendances invincibles, ceux-là seulement doivent-être conduits au-delà des connaissances élémentaires.

— Je ne comprends pas trop bien ce que vous voulez dire ; reprit la veuve Gosselin ; j'entends seulement que vous nous reprochez de n'être pas riches.

— Loin de là, ma bonne dame ! la pauvreté des enfants est souvent un indice de l'honnêteté des pères.— Beaucoup de grandes fortunes ont eu pour origine quelque énorme coquin qui a amassé, il y a longtemps, de l'argent pour des gens meilleurs que lui, qui doivent venir ensuite. — Ainsi il y a, dans un certain pays où l'on pend les voleurs, un proverbe peu moral qui dit : Heureux les fils dont les pères ont été pendus.

— Prétendez-vous alors que Clovis n'est pas un enfant très-intelligent?

— Très-intelligent, en effet, ma bonne madame Gosselin; mais je n'ai jamais vu un homme qui fût trop intelligent et trop savant pour être cultivateur. J'en connais, au contraire, beaucoup, et presque tous sont dans ce cas, qui sont loin de l'être assez ; et moi tout le premier; mais d'une intelligence remarquable à des facultés extraordinaires et spéciales, il y a encore de la distance. Votre fils a-t-il quelque inclination très-prononcée pour un art ou pour une science?

— Mon fils est comme tous les enfants ; il passerait sa vie à monter aux arbres pour dénicher les oiseaux.

— Ça n'est pas encore là l'entraînement invincible dont je vous parlais tout à l'heure.

— Écoutez-moi —. monsieur Hérambert — tout ce que vous me dites là depuis une demi-heure — et rien — c'est la même chose.

— J'en ai peur, dame Gosselin.

— J'ai mon idée là — dit-elle en se touchant le front — mon fils sera un grand médecin et fera ses visites à cheval comme défunt M. Lemonnier. J'en suis si sûre et je l'ai tellement mis dans ma tête, que si j'avais eu de l'argent et si la bête n'avait pas été trop vieille en même temps que Clovis était trop jeune, j'aurais acheté le cheval pie du docteur — car on ne sait par qui ça va être monté. — C'est humiliant pour cette bête ; et d'ailleurs ça connaît la clientèle, ça s'arrête tout seul aux portes des malades — enfin, ce qui ne se peut pas ne se peut pas ; il faut bien ne le pas vouloir. — Mais ce qui se peut se fera, et se fera en le voulant, et le voulant tout à fait; et je le veux. — Ainsi donc, oui ou non — voulez-vous enseigner le latin à Clovis, et vite et dru, pour qu'il puisse entrer au collége dans un an? — D'ici là, je lui aurai obtenu une bourse.

— Et quand commençons-nous — dame Gosselin ?

— Tout de suite, comme je vous l'ai dit; je vais aller chercher Clovis et vous l'amener. Ainsi, préparez vos grimoires, parce que pendant qu'il apprendra assez de latin pour entrer au collége, j'aurai, moi, d'autre besogne à faire.

La veuve Gosselin rentra chez elle et trouva Clovis absent. — Il avait passé par le tunnel pratiqué sous la haie, et, avec l'aide de la petite Isoline, il faisait à l'enfant un jardin dont l'idée la comblait de joie. Il avait labouré à la bêche un carré de terre dans la cour de la veuve Séminel, et là il mettait en terre toutes sortes de plantes qu'il était allé, pour elle, arracher dans les bois. On était à la fin du mois d'octobre, saison qui permettait de transplanter les arbustes sans les exposer. Il avait apporté des fusains chargés de leurs graines oranges dans une enveloppe rose — des chèvrefeuilles — celui des bois est de tous le plus parfumé — dont les graines ressemblent à des groseilles. — Il avait aussi déterré du muguet et des oignons de jacinthe et de narcisse des bois. — Tu verras, disait-il, comme ça sera joli au printemps. — Il y a des plantes encore que je connais, mais que je n'ai pas pu trouver ; l'anémone des bois blanche et violette et la primevère jaune. Mais j'irai t'en chercher au mois de mars quand elles commenceront à percer la terre sous les feuilles sèches.

A ce moment la voix de la veuve Gosselin, qui avait en vain cherché Clovis dans la maison, se fit entendre avec un son formidable. — Où es-tu, Clovis, criait la voix? — Dans la cour de madame Séminel, avec Isoline. — Viens. — Je ne peux pas, nous faisons un jardin. — Viens tout de suite.

La seconde injonction était faite à peu près dans les mêmes mots ; mais l'accent indiquait un ordre sans réplique. Aussi Clovis laissa là sa bêche et ses plantes et rejoignit sa mère qui le conduisit à l'école, et exigea que M. Hérambert lui donnât à l'instant même, devant elle, sa première leçon de latin.

Mon garçon, dit-elle quand ce fut fini, ça ne m'a pas l'air très-amusant d'apprendre le latin, mais ne fais pas attention à cela. Apprends-le tout de même. Je ne suis pas assez injuste pour exiger que ça t'amuse. Ne t'y amuse donc pas, mais apprends-le. Il dépend de toi et de ton travail que nous soyons un jour heureux et riches. Tu seras médecin, je l'ai décidé. Peut-être bien resterons-nous à Paris. Pour le moins tu reviendras ici prendre la place du docteur Lemonnier, et, comme lui, tu feras les visites à cheval.

— J'aurai un cheval?

— Un cheval, — et même un cheval pie, si c'est possible. Cela te convient-il?

Clovis, comme la plupart des jeunes garçons, se sentait une grande vocation pour tout état qui s'exerçait à cheval. Aussi il répondit à sa mère que cela lui convenait parfaitement.

— Et maître Hérambert, qui me disait qu'il n'avait peut-être pas une vocation bien marquée?

Maître Généreux Hérambert..... Mais il faut que je dise ici une chose qu'il est indispensable de dire et de répéter quand on raconte des histoires qui se sont passées dans le pays de Caux. Les lectrices pourraient s'en prendre à l'auteur de l'étrangeté de la plupart des noms des personnages — ce serait une injustice ; non-seulement ces noms existent, mais sont encore très-communs dans nos pays — Bérénice, Almaïde, Astérie, Isoline, Généreux, Césaire, Clovis, etc., sont des noms que l'on entend toute la journée. Cléopâtre est plus rare, mais j'en ai cependant connu deux exemples. J'attribue l'habitude de ces noms bizarres à l'influence de Mlle de Scudéri. — Cette illustre fille qui, malgré beaucoup de prétentieux et de maniéré, n'était pas sans mérite, a eu de son temps une très-grande réputation — sa renommée a dû surtout être bien accueillie au Havre où elle est née. Pendant la grande mode de ses romans, les dames qui étaient marraines d'enfants de pêcheurs et de paysans n'ont pas manqué de leur donner les noms qui étaient alors en faveur, et ces noms se sont naturellement perpétués dans le pays.

La Normandie a été féconde en personnages distingués dans les lettres et dans les arts. Clément Marot et son père, Jean Marot, lequel s'intitulait poëte de la magnifique reine Anne de Bretagne, étaient tous deux de Caen ; — M. de Malherbe était de Caen ; — Sarrazin et Segrais étaient de Caen ; — M. de Scudéri et sa sœur sont nés au Havre, ainsi que Bernardin de Saint-Pierre et Casimir Delavigne ; — Saint-Amand, les deux Corneille, Brebeuf, Fontenelle, Boïeldieu, sont de Rouen ; — Mézeray est né près d'Argentan ; — Benserade est de Lions, près Rouen ; — le cardinal Du Perron était Bas-Normand ; — l'abbé de Saint-Pierre, auquel la langue doit le mot de « Bienfaisance, » est né à Barfleur ; le Poussin est né aux Andelys, etc., etc.

Maître Généreux Hérambert était un maître d'école comme on en voit assez peu, et comme on en verrait davantage si nous n'étions pas dans un pays où, dans l'argot du gouvernement, l'instruction publique — l'agriculture — le commerce et la justice s'appellent les *petits ministères* — ministères que l'on confie d'ordinaire à des doublures, ou à des personnages qui font à peu près dans le gouvernement le rôle des *confidents* dans la tragédie.

Maître Généreux Hérambert n'était pas de ces instituteurs obligés pour vivre d'être chantres à l'église et de feindre de mettre avant tout dans l'instruction les petites pratiques et de penser que le but de l'éducation est de rendre les gens — comme dit Saint-Simon — excellents en certaines minuties et inutiles puérilités.

Ce n'était pas non plus un de ces instituteurs qui plaignent les leçons à leurs élèves et en donnent trop aux gouvernements et font de leur classe un sous-comité des affaires publiques. Précisément parce qu'il était très-supérieur aux maîtres d'école ordinaires, il savait être maître d'école et rien de plus. On avait appris je ne sais comment et répété dans le pays que c'était un très-savant homme et qu'il était même reçu avocat. Il est vrai que quelquefois il s'était laissé aller à donner des conseils à quelque pauvre opprimé et l'avait aidé à obtenir justice ; mais à part cela — il n'avait qu'un goût, et ce goût était une passion — il aimait les fleurs et cultivait avec une intelligente tendresse un petit coin de terre que la commune lui avait attribué. — Du reste, il était doux pour les enfants, leur faisait faire des progrès suffisants, et instruisait gratis tous ceux dont les parents étaient trop pauvres pour payer les mois d'école.

Il prit Clovis en amitié. — Pauvre enfant — se disait-il — né dans un sillon, il n'avait qu'à le suivre, la vie eût pour lui été douce sans efforts, honnête sans combats. — Dans quels hasards va-t-on le jeter !

Il lui donnait des leçons dans son jardin, et lui disait : — Tu vas quitter la nature, le livre de Dieu, pour le livre des hommes ; ne l'oublie cependant pas. Et tout en parlant de latin il parlait du ciel et de la terre, et des arbres, et des fleurs — cette fête de la vue — comme disaient les Grecs.

La première déclinaison de la grammaire latine de Lhomond — celle qu'on apprenait alors au collége — je ne sais s'il en est toujours ainsi — donne pour type — *rosa* la rose. — Comme Clovis venait de dire le nominatif *rosa* — la rose — à propos des roses, Hérambert apprit à Clovis et comment elles végètent et fleurissent, comment elles fructifient et se reproduisent — comment on greffe et quels sont les résultats de la greffe — de là à lui dire la marche de la sève, il n'y avait qu'un pas — on en fit deux — on arriva à la contemplation du système végétal — puis il se passa huit jours entre le nominatif et le génitif de la première déclinaison de la grammaire de Lhomond — mais dans ces huit jours que de charmantes découvertes, de science réelle, d'enchantements ravissants, de sentiments élevés !

Clovis répétait une partie de ces leçons à la petite Isoline, et tous deux au printemps greffèrent des églantiers que Clovis avait pendant l'hiver arrachés dans les bois pour les planter dans le jardin d'Isoline. Pendant ce temps la veuve Gosselin filait et sarclait, et ne négligeait rien pour gagner un peu d'argent; et aussi elle faisait des connaissances pour acquérir des protections pour le moment où Clovis devrait entrer au collége.

Certes Clovis était intelligent, mais il était assez paresseux; toutes les pages du rudiment ne prêtaient pas à des développements aussi intéressants que la première déclinaison: Il se demandait parfois pourquoi il était retenu à l'école plus longtemps que les autres enfants. Il voyait passer déjà une troisième génération de camarades. Les deux premières avaient quitté l'école aussitôt qu'ils avaient su ce que Clovis savait déjà depuis longtemps; mais sa mère mettait tant d'enthousiasme et d'éloquence dans ses reproches, dans ses prières, dans ses encouragements; tant de fermeté et de persistance dans ses projets, qu'il reprenait courage, et qu'au bout d'un an maître Hérambert annonça à la veuve Gosselin que son fils alors âgé de quatorze ans pouvait entrer au collége en troisième. De ce moment la veuve Gosselin se livra à des travaux inouïs. Elle eut des recommandations des curés, du maire, du sous-préfet, des plus gros négociants du Havre.

Elle alla trois fois à Rouen à pied; elle mettait trois jours pour aller; elle restait un ou deux jours et revenait; elle mangeait sur la route des croûtes de pain et couchait dans des granges. Mais elle finit par obtenir pour son fils une bourse au collége de Rouen. Sa conviction, son ardeur, étonnaient les gens et en intéressaient quelques-uns. Elle rassembla, on ne sut comment, un trousseau à peu près convenable, et Clovis entra au collége à la rentrée des vacances.

Il avait dit adieu assez lestement à Isoline et à Hérambert; sa mère lui avait tellement monté la tête, qu'il entrait au collége avec une joie à laquelle n'était pas étranger une sorte d'uniforme que portaient les collégiens. De temps en temps, la veuve Gosselin dictait au maître d'école des lettres très-touchantes qu'elle envoyait à son fils pour l'exciter au travail ; elle lui parlait des grandes espérances qu'elle faisait reposer sur lui, de l'heureuse vieillesse qu'il lui donnerait après une vie qu'elle lui aurait consacrée tout entière. Hérambert était bien un peu effrayé de cette exaltation, mais il n'osait en atténuer l'expression.

La veuve Gosselin savait que les études du collége finies, il faudrait aller à Paris suivre des cours. Elle était décidée à y accompagner son fils, et elle ne doutait pas un moment qu'elle ne réussît à les y faire vivre tous les deux. Mais le voyage, l'installation, les premières inscriptions devaient coûter cher ; elle y avait pensé depuis longtemps, et elle s'était réservé pour cette époque de vendre — d'abord le lot de terre, puis ensuite la masure. — Aussi fut-elle cruellement désappointée quand Hérambert lui apprit d'abord — qu'aux yeux de la loi, ni le lot de terre ni la chaumière n'étaient à elle, mais appartenaient à son fils — ensuite que lui-même n'en pouvait pas disposer avant l'âge de vingt-et-un ans. — Après quelques jours d'abattement et de réflexion, la veuve Gosselin reprit sa quenouille.

Mais comme elle ne pouvait pas ainsi gagner plus de six à huit sous par jour, ce qui était à peu près doublé par le revenu du lot de terre, elle ne recula devant aucune industrie pour parvenir à amasser une somme d'une certaine importance pendant les trois ans que son fils avait à passer au collége. A force de s'occuper de l'avenir et du diplôme de son fils, elle fit un peu de médecine elle-même — de là à guérir avec des paroles et des secrets, il n'y avait qu'un pas — puis un autre pas pour tirer les cartes et dire la bonne aventure — elle les eut bien vite franchis.

Quand les vacances arrivèrent — Clovis vit avec tristesse partir tous ses camarades, et lui presque seul rester au collége. — Mais sa mère lui écrivit que le voyage serait coûteux et ferait perdre du temps. — Elle fit si bien qu'elle le décida à employer ses vacances à travailler. — Quand Clovis écrivait, il ajoutait toujours, ou presque toujours, à ses lettres, un mot de souvenir pour Hérambert et pour Isoline.

Celle-ci cependant était devenue une charmante fille dans la solitude profonde où elle vivait, se levant le matin pour filer, et se couchant le soir quand elle était fatiguée de filer. — Elle avait conservé les impressions de sa première enfance d'autant plus facilement qu'il n'en était pas venu d'autres les effacer — elle n'avait rien oublié et rien appris — il y avait si peu d'événements dans sa vie, que ceux qui y étaient entrés avaient pour elle une immense importance : elle avait toujours le chardonneret que lui avait apporté Clovis quand elle l'avait pris pour son ange gardien ; elle cultivait soigneusement son jardin ; et quand la veuve Gosselin venait avec une lettre de son fils raconter à la veuve Séminel et à sa fille — d'abord, les quelques mots obligeants qu'il écrivait pour elle — ensuite la nouvelle de quelque succès obtenu par son fils dans ses études, Isoline s'en réjouissait, comme si elle avait le droit à sa part dans ce qui arrivait d'heureux à Clovis — elle ne songeait jamais à séparer sa destinée de celle du fils de la veuve Gosselin. Comme celle-ci tricotait des bas pour son fils, Isoline se mit à l'ouvrage et en fit sa part sans songer même à lui faire dire qu'elle s'occupait de lui, tant il lui semblait naturel de travailler pour Clovis.

Rien ne changea pendant les quatre années que Clovis passa à Rouen, si ce n'est qu'au bout de la troisième année, il fut décidé qu'il viendrait passer les vacances auprès de sa mère. La veuve Gosselin lui envoya six francs économisés sur ses croûtes de pain pendant un an mais elle avait vu dans ses dernières lettres des symptômes de découragement, et elle pensait qu'il était bon de lui donner un peu de repos et de distraction. Une autre raison la portait à faire venir son fils.

A la distribution des prix, Clovis Gosselin fut couronné trois fois; son nom fut cité dans le *Journal de Rouen*, d'abord, et ensuite dans le *Journal du Havre*, qui revendiqua la gloire de son jeune concitoyen. Le principal du collége, dans un discours pompeux, avait dit à Clovis comme aux autres lauréats :

Macte animo, generose puer, sic itur ad astra,

vers latin que l'on cite à toutes les distributions de prix, et qui semble faire partie du cérémonial de la fête. Courage, jeune homme, cela vous conduit à tout !

Il s'agissait de montrer Clovis aux connaissances et aux protecteurs que s'était acquis la veuve Gosselin. Clovis, avec ses six francs, vint au Havre par le bateau à vapeur — qui parcourait alors les sinuosités de la Seine jusqu'à la mer, entre les rives les plus riches et les plus pittoresques du monde, et descendait jusqu'à la mer.

Il se faisait un plaisir de surprendre la veuve Gosselin en arrivant un jour plus tôt qu'elle ne l'attendait. Pour Isoline, elle l'attendait toujours — elle ne donnait aucun nom aux sentiments qu'elle éprouvait pour Clovis — elle ne savait pas si c'était de l'amour. — Quand la veuve Gosselin disait : — Oh ! nous réussirons — Isoline disait aussi : — Nous réussirons. Cependant la veille du jour où on attendait le collégien triomphant, Isoline ratissa le petit jardin qu'il avait planté pour elle ; elle vit avec joie que quelques violettes s'y étaient épanouies dans l'herbe et exhalaient leur parfum en même temps que les chèvrefeuilles laissaient tomber le leur du sommet des arbustes qu'ils entrelaçaient.

CHAPITRE IV.

Isoline Séminel.

Comme elle se laissait bercer par de douces rêveries, elle entendit un grand bruit avec des cris de terreur — un taureau en fureur s'était échappé de la prairie voisine et poursuivait en mugissant une troupe d'enfants qui l'avaient irrité ; un berger s'était jeté au-devant de lui pour le détourner; mais le taureau l'avait renversé, lui avait labouré les flancs de ses cornes et avait passé par-dessus son corps. Les chiens sortaient des masures et le poursuivaient en aboyant sans oser l'aborder. Cependant il s'effraya de leurs poursuites, et trouvant ouverte la porte de la cour de la veuve Séminel, il se précipita dedans. Isoline, surprise et terrifiée, voulut s'enfuir, mais ses jambes tremblantes lui refusèrent leur service. Le taureau n'était plus qu'à quelques pas d'elle, lorsqu'un bras vigoureux la saisit et l'enleva sur le talus qui séparait la cour de la veuve Séminel de la cour de la veuve Gosselin. A ce moment, le taureau lancé vint frapper le talus de ses cornes au-dessous d'Isoline, puis il se détourna, et apercevant Clovis qui, pressé de sauver Isoline, n'avait pas encore eu le temps de se mettre lui-même bien à l'abri, il s'élança sur lui les cornes basses. En un bond, Clovis fut sur le talus à côté d'Isoline tremblante et presque inanimée. Le taureau poussa un horrible mugissement et laboura le talus de ses cornes... mais les habitants du village et leurs chiens arrivaient de toutes parts; il essaya de s'échapper, mais entouré de tous côtés par le fossé et par les arbres, voyant la seule issue gardée par une foule de paysans, il se jeta dans une grange où il fut facile de l'enfermer jusqu'au moment où il fut assez calmé pour qu'il fût possible de l'enchaîner.

Clovis porta Isoline chez la veuve Séminel, lui fit boire de l'eau et lui en jeta au visage.

— O Clovis! dit-elle, cette fois encore tu m'es apparu comme mon ange gardien.

Clovis ne fit pas grande attention à ces paroles ; d'ailleurs il ne se serait pas rappelé à quel souvenir éloigné elles faisaient allusion : beaucoup de petits événements avaient traversé sa vie depuis qu'il avait quitté le hameau, beaucoup d'idées nouvelles étaient entrées dans sa jeune tête.

— Oui, dit-il, je suis arrivé à temps, et je n'ai pas besoin de te dire que j'en suis bien content. Où est ma mère?

— Elle travaille en journée, comme de coutume ; nous ne t'attendions que demain.

— J'ai bien fait de venir plus tôt, ma bonne Isoline — cette pauvre vieille mère s'exténue pour moi ; mais je vais la récompenser — j'apporte une charge de livres — trois prix et trois couronnes — viens les voir.

Clovis en effet était entré d'abord dans sa

maison, il avait trouvé la clé cachée sous le larmier comme autrefois, et après avoir regardé dans la cour s'il ne voyait pas sa mère, il y avait déposé un paquet, quelques hardes et tous ses livres — c'est alors qu'il avait entendu les cris d'effroi et qu'il s'était précipité sur le talus qui séparait les deux cours, et de là dans la cour Séminel où il était arrivé à temps, comme nous l'avons vu, pour sauver à Isoline peut-être la vie, mais à coup sûr de cruelles blessures. Isoline admira les beaux livres reliés — c'était probablement les premiers qu'elle voyait — ils étaient entourés de rubans bleus. — Oh! les jolis rubans, dit-elle.

— Ils seront pour toi, Isoline ; mais quand ma mère aura vu mes livres dans toute leur parure.

— Et ces couronnes?

— On me les a mises sur la tête au son de la musique et des applaudissements devant toute la belle société de Rouen — le préfet, l'archevêque, etc. — Tiens, voilà le prix de version grecque.

— Qu'est-ce que c'est qu'une version grecque?

— C'est juste, tu ne peux pas savoir cela — c'est assez ennuyeux — mais on est très-fier quand on reçoit le prix — on dit que ça vous conduira à être savant et riche — à être médecin et docteur et à avoir un cheval pie comme en avait un le docteur Lemonnier.

— Celui qui m'a soignée et toi ensuite, quand tu as eu pris ma maladie... je me le rappelle bien mais, Clovis, il était bien vieux, le docteur Lemonnier.

— Il n'y a pas besoin d'être aussi vieux pour être médecin. J'ai encore un an à passer au collége — puis quatre ans à Paris.

— A Paris! dit Isoline avec tristesse — puis elle resta silencieuse quelques instants.

Mais tout à coup : — Tu dois avoir faim et soif? Viens à la maison ; il y a des œufs et du cidre. Ta mère ne rentrera qu'à la nuit. Elle verra bien par tes beaux livres que tu es arrivé. D'ailleurs tu viendras voir de temps en temps.

Les deux voisins repassèrent par le tunnel

que Clovis avait construit autrefois entre les deux cours, et qu'on s'était depuis contenté de boucher avec des broussailles — et Isoline se hâta d'allumer du feu — puis elle alla au poulailler ramasser les œufs qui pouvaient s'y trouver — et elle fit une omelette pour Clovis. — Elle couvrit d'une serviette bien blanche une table de chêne, et mit sur la table une cuiller et une fourchette d'étain luisant comme de l'argent, une assiette sur laquelle étaient peints un coq jaune et des fleurs bleues, puis un verre et un pot de grès plein de cidre.

— Que de peine je te donne! ma bonne Isoline — disait Clovis la bouche pleine.

— De la peine! Clovis, dit-elle d'un ton de reproche — puis elle ajouta en riant : — Sais-tu que quand je voyais les cornes du taureau si près de moi, j'aurais bien voulu être devant la cheminée à faire une omelette?

— Tu ne manges pas avec moi, Isoline?

— Non, j'ai dîné, et d'ailleurs je suis tout émue — la peur, le plaisir — je ne pourrais pas manger. Quand la première faim fut passée,

Clovis demanda des nouvelles des voisins; puis il raconta ses peines et ses plaisirs du collége.

— Pour nous, dit Isoline, nous vivons toujours la même chose. Quelquefois je travaille aux champs avec ma mère, mais le plus souvent, je reste ici à filer. Le dimanche nous allons à la messe et aux vêpres. Nos plus grands plaisirs, c'est quand ta mère a reçu une lettre de toi et qu'elle vient nous la lire — alors nous parlons de toi tout le reste du jour — mais puisque te voilà ici — nous irons un peu nous promener — nous reverrons le bois où tu as arraché les chèvrefeuilles pour mon jardin et où nous avons cueilli tant de noisettes. — La veuve Gosselin ne tarda pas à rentrer. Il n'est pas besoin de décrire sa joie et son orgueil quand elle vit les prix et les couronnes de son fils. Mais dès le lendemain elle le conduisit chez le maire, elle voulut qu'il portât ses prix avec lui. Le jour d'après et les jours suivants il fallut aller au Havre se faire voir à tous les protecteurs qui avaient aidé la veuve Gosselin à faire entrer Clovis au collége de Rouen. Il y avait déjà une semaine qu'il était arrivé, et il n'avait pas encore vu Généreux Hérambert. Il n'avait pu revoir Isoline qu'un instant pour lui donner les rubans bleus qui entouraient ses prix.

Le dimanche suivant, on la vit à la messe avec un bonnet orné de rubans bleus qui lui allait à ravir.

Il faut dire qu'il y a passablement de choses qui vont bien à une très-belle fille de seize ans.

Quand Clovis fut un peu libre il alla voir Hérambert. — Je t'attendais, dit celui-ci ; mais je sais pourquoi tu n'es pas revenu plus tôt : ton cœur n'y est pour rien. Obéis à ta mère, son dévoûment, quoiqu'il ne te conduise peut-être pas au plus grand bonheur possible, est respectable et touchant. Après cela, ce que j'appelle le bonheur ne serait peut-être pas le bonheur pour toi.

Mais, quoi qu'il t'arrive — rappelle-toi que tu as deux vrais amis dans un petit coin de la terre — moi d'abord et ensuite la petite Isoline — ne nous sacrifie à rien ni à personne.

Ta mère veut que tu travailles pendant les

quelques jours que tu as à passer ici, mais ne t'en effraie pas trop — nous ne ferons ni thèmes ni versions — tu en es un peu saturé, disons le mot en langage de la campagne — tu en es *bourré*, le cerveau a des indigestions comme l'estomac — nous allons assaisonner les connaissances qu'on t'a ingérées au collége avec des condiments — cette diète à laquelle je vais mettre ton cerveau lui fera faire une bonne digestion, et tu verras avec étonnement que tu auras fait de très-grands progrès à la fin de tes vacances.

En effet, c'est en se promenant dans le jardin d'Hérambert et quelquefois dans la campagne, le jeudi et le dimanche, seuls jours où le maître d'école avait un peu de liberté, que les deux amis traitaient divers sujets de morale, de science, de littérature. Hérambert lui faisait voir qu'on ne lui avait appris que des mots :

De l'Université — cette mère féconde
   Alma mater — l'écolier sort-il
  Après huit ans ? — Le plus fort — que sait-il ?
Parler grec et latin — ensuite, dans le monde,
On feint de s'étonner si tout n'est que babil.

Il lui montrait la grandeur de Dieu dans les magnificences de la nature — il l'initiait aux mystères de la végétation — lui parlait un peu d'astronomie — corrigeait les erreurs de physique et de morale qu'on lui avait fait apprendre avec les auteurs appelés classiques.

La veuve Gosselin, cependant, n'interrompait pas son travail opiniâtre. Son fils lui épargnait tout ce qu'il y avait de fatigant dans la ferme; mais, comme elle allait en journée elle rentrait parfois très-lasse.

— Ma mère, disait Clovis, abandonnons de vains projets. Je ne puis vous laisser ainsi vous fatiguer pour moi. C'est moi, au contraire, qui dois vous nourrir et travailler pour vous. Laissez-moi revenir ici; chassons nos pensées ambitieuses, et soyons tout simplement heureux. Je suis fort, je ne manquerai pas d'ouvrage.

— Mon cher Clovis, quel démon t'inspire la pensée de désespérer ta vieille mère? Ne t'inquiète pas de mes fatigues, elles me sont douces quand je pense au but que je veux atteindre, et j'y pense toujours. Mon imagination est tellement préoccupée de toi et de ton avenir, que mon corps n'est plus qu'une machine dont elle est indépendante. Souvent la journée est finie sans que je me sois aperçue des travaux auxquels je me suis livrée. Je vis déjà par la pensée dans un avenir dont nous ne sommes plus séparés que par quelques années. C'est un rêve, un heureux rêve dont je ne me réveille que très-rarement. Vois-tu, mon Clovis, le plus fort est fait; voilà tout à l'heure tes études terminées; ensuite nous irons à Paris pour que tu y fasses tes cours.

— Eh quoi! ma mère, vous viendrez à Paris?

— Oui, certes. Qui prendrait soin de toi? qui te ferait gagner un temps précieux, en ne te laissant rien faire que ce qui conduit à notre but? qui t'encouragerait en te donnant de son courage et de sa confiance dans les moments d'irrésolution comme celui que tu viens d'avoir? Ne me crois pas malheureuse, j'ai toute la joie orgueilleuse qu'aurait une poule qui aurait couvé un œuf d'aigle.

Je suis la mère d'un homme supérieur — je suis fière et heureuse — je ne veux pas que tu restes à gratter dans la basse-cour — je veux que tu ailles planer au-dessus des nuages, comme ton espèce t'y porte. Je suis prête à toutes les fatigues, à toutes les difficultés; mais que je ne te voie jamais hésiter, tu verras comme nous irons vite. Ce qu'on ne fait pas, c'est qu'on ne le veut pas assez; mais désirer n'est pas vouloir — vouloir c'est ne jamais marcher en rond ni en zig-zag — vouloir, c'est ne jamais faire un pas, un mouvement qui ne vous rapproche de votre but — c'est ne jamais penser à autre chose. — Je veux, moi! — et je me sens, quand je dis ces paroles, une puissance invincible.

Clovis embrassa sa mère et lui dit : — Je ferai ce que vous voudrez, ma mère.

Il alla trouver Hérambert et lui dit : — Vos leçons m'élèvent l'esprit par-dessus les ambitions humaines et me ramènent à la nature. Je comprends que la condition la plus haute, la plus près de Dieu, la plus heureuse est la condition de celui qui traite directement avec la nature.

Mais, comme vous me l'avez dit également, l'opiniâtreté de ma mère a quelque chose de grand et de touchant ; j'ai fait ce matin une tentative pour lui faire abandonner ses rêves ambitieux, mais non-seulement je n'ai rien gagné sur elle, mais elle m'a un peu ébranlé : elle est si convaincue, elle trouve tant de force dans cette volonté incessante, qu'en l'entendant parler je crois aussi que le but qu'elle veut atteindre n'est pas inaccessible. Je lui ai promis de ne plus lui faire d'objection, je m'abandonne à elle : je vais ramer sans relâche, elle tiendra le gouvernail et mènera l'embarcation où elle voudra.

— Alors — dit Hérambert en laissant échapper un soupir — refaisons un peu de latin et de grec, et occupons-nous aussi, pendant les quelques jours qui nous restent à passer ensemble, de te préparer à la classe dite de philosophie dans laquelle tu vas entrer. — La philosophie — de collége — n'enseigne pas à être plus sage et plus heureux — elle enseigne à parler d'un certain nombre de choses. Causons-en donc un peu.

Le soir la veuve Gosselin se couchait de bonne heure; le plus souvent Clovis allait passer quelques heures chez la voisine Séminel — là Isoline filait — et Clovis la regardait — et tous deux se rappelaient avec joie les plaisirs de leur enfance.

— J'ai bien cru hier — dit Clovis — que je ne retournerais plus à Rouen et que je n'irais pas à Paris; — j'ai essayé de faire renoncer ma mère à son idée fixe de me voir médecin — je serais resté ici, travaillant comme vous autres et avec vous autres. Je n'ose pas dire avec quelle joie j'envisageais cette existence; mais j'ai vu ma mère si désolée, que je lui ai promis de me laisser guider par elle.

— Tu retournes donc bientôt à Rouen? — dit Isoline.

— Dans dix jours.

— Et après?

— Après — je ne sais pas si je reviendrai

ici aux vacances ; — ce n'est pas l'intention de ma mère. — Elle doit me prendre à Rouen — et nous irons à Paris.

— Pour longtemps ?

— Pour trois ou quatre ans.

— Sans revenir ici ?

— Je ne puis pas l'espérer.

— Et après ?

— Après, s'il plaît à Dieu, je serai médecin et je reviendrai ici remplacer le docteur Lemonnier.

— Eh bien ! je t'attendrai.

A ce moment Isoline releva les yeux sur Clovis — il y avait dans son regard tant de calme et cependant de résolution — tant de douce et confiante tendresse — que Clovis en fut touché jusqu'aux larmes.

— Chère Isoline ! dit-il en lui tendant la main.

Isoline mit sa petite main dans celle de Clovis — et répéta : — Je t'attendrai.

— Vois-tu — je comprends ta mère — non pas son désir de te voir médecin — un laboureur vaut un médecin — mais je la comprends

4.

dans sa patience et dans sa fermeté. — Tu t'en vas pour cinq ans — je vais t'attendre cinq ans — tu me retrouveras ici occupée à filer et à t'attendre. Hélas! je regretterai souvent de ne pas te voir, de ne pas pouvoir t'aider dans tes épreuves et m'employer d'une manière utile pour toi.

Clovis et Isoline se tenaient par la main, leurs regards se confondaient — ils éprouvèrent une transformation : l'amour prenait possession de leur âme.

La libellule qui voltige dans les prairies, portant sur deux ailes de gaze un corps d'émeraude ou de saphir, a été longtemps une sorte de punaise grise vivant dans la fange des eaux. Il vient un jour où par un doux soleil de printemps elle sort de la vase en rampant, et se hisse au haut de la tige flexible d'une sagittaire, dont les feuilles semblent des fers de flèche, ou d'un butome couronné de fleurs roses. — La peau de la punaise se déchire, et la libellule, la demoiselle, en sort étincelante en voltigeant et s'enfuit dans la prairie.

Un seul regard d'amour échangé a produit chez Clovis et chez Isoline une métamorphose semblable. — Leur âme s'est éveillée. — Hier c'était un jeune garçon et une jeune fille comme tous les autres — aujourd'hui Clovis se sent tous les courages, comme Isoline tous les dévoûments. — Clovis est grand, fort et généreux — Isoline noble, patiente, vertueuse.

La voix de leur cœur se mêle en une douce et suave harmonie, ils planent au-dessus de la terre et nagent dans le ciel.

La veuve Séminel entre — ils ne peuvent plus échanger qu'un mot.

— Je ne penserai qu'à revenir — dit Clovis.

— Moi, je t'attendrai, dit Isoline.

Quelques jours après, Clovis repartit pour Rouen, où, ainsi que le lui avait prédit Hérambert, il s'aperçut avec surprise qu'il avait prodigieusement fait de progrès en se promenant dans les allées étroites du jardin du maître d'école.

De ce jour et plus que jamais Isoline se considéra comme de la famille. — Elle aidait la mère Gosselin dans toutes les occasions qui se présentaient ; elle soignait la cour qui appartenait à Clovis plus encore que son propre jardin, qui lui était cependant bien cher.

Elle avait dans l'amour de Clovis une foi entière ; cet amour, qui ne s'était expliqué qu'une seule fois et par un seul mot, ne lui inspirait jamais un instant de doute — elle savait qu'elle serait la femme de Clovis Gosselin — qu'il fût riche ou pauvre — médecin ou laboureur. — Elle ne croirait pas plus être généreuse dans le second cas que devoir être reconnaissante dans le premier.

Quand la fin de l'année approcha, elle vit que la veuve Gosselin faisait ses préparatifs de départ. Cette découverte lui serra un peu le cœur. Cependant elle songea que, puisqu'il fallait que Clovis passât quatre ans à Paris, le mieux était que cet exil fût entamé et qu'il partît le plus tôt possible. Clovis, dans ses lettres, ne disait qu'un mot pour Isoline. Ce mot ne disait pas grand'chose pour les autres : Souvenir à Isoline ; mais, pour elle, c'était lui dire : Qu'elle ait à se rappeler avec moi du jour où, nos mains pressées, nos regards confondus nos âmes mêlées — nous nous sommes dit qu'elle m'attendrait, et que je ne partais que pour revenir. — Il se souvient, pensait-elle, et je me souviens aussi.

La veuve Gosselin commença sa tournée; elle alla voir tous ses protecteurs, elle reçut d'eux quelques présents, elle vendit dans la ferme tout ce qui pouvait se vendre — elle loua pour quatre ans la cour et la masure et le lot de terre qui en dépendait. Depuis quelque temps déjà, elle préparait le trousseau de Clovis, qui aurait besoin d'être renouvelé à sa sortie du collége. — Isoline l'avait aidée et avait cousu de sa main une grande partie des hardes destinées à son fiancé.

L'année scolaire terminée, Clovis avait fini sa philosophie, et fut reçu bachelier ès lettres — Sa mère écrivit à monsieur, monsieur Clovis Gosselin, bachelier à Rouen — pour lui enjoindre de l'attendre, vu qu'ils iraient tout droit à Paris suivre *leurs* cours.

Quelques jours avant le départ de la veuve Gosselin, elle se trouvait le soir chez la veuve Séminel, et elle parlait naturellement de Clovis et de son avenir — toutes les autres idées étaient mortes d'inanition dans sa tête. Une fois Clovis médecin, je ne serai pas embarrassée, — dit-elle — de lui faire faire un beau mariage — le gars n'est pas désagréable — et d'ailleurs un médecin, c'est l'égal de tout le monde et ça peut prétendre à tout.

Aux premiers mots Isoline pâlit... mais elle ne tarda pas à se remettre. Est-ce que je ne me souviens pas? dit-elle. — Mais la veuve Séminel : Vous avez aussi par trop d'ambition, ma chère Astérie, dit-elle ; au commencement vous osiez à peine ajouter foi à votre rêve qui vous annonçait que votre fils remplacerait un jour le docteur Lemonnier — vous avez fait l'imposible — voici votre fils reçu..... quoi donc ?...

— Bachelier.

— Voilà votre fils bachelier — il est probable que votre fils sera médecin. — Mais le docteur

Lemonnier, qui était un grand médecin — il lui a passé deux générations par les mains — s'était pourtant contenté d'épouser une fille d'ici — la fille d'Onésime, Gonfreville — qui est mort à la mer et qui n'était qu'un pêcheur — et pourtant le docteur Lemonnier n'était pas fils de paysan comme est Clovis ; sa famille était une grande famille, son père avait été huissier à Criquetot. Vous aurez beau faire, Clovis sera toujours le fils d'un paysan et d'une paysanne, et vous ne ferez pas son bonheur en le faisant entrer dans une famille qui le méprisera et qui vous méprisera vous-même par-dessus le marché — on a bien raison de dire que les ambitieux sont des oublieux : c'est tout au plus si vous nous parlerez quand votre fils sera médecin, et pourtant ma fille et moi nous sommes vos plus anciennes et vos plus fidèles amies.

Il faut dire que la veuve Séminel avait vu la pâleur subite de sa fille, et que d'ailleurs elle-même avait toujours regardé Clovis comme son gendre futur.

L'impression reçue par Isoline n'avait pas échappé non plus à Astérie Gosselin — et l'amertume des reproches de la veuve Séminel lui fit entrevoir une ambition qu'elle n'avait jusquelà que peu soupçonnée, tant elle lui aurait paru exagérée. Elle n'avait été éclairée à ce sujet, ni par les soins de la veuve Séminel, ni par la sollicitude continuelle d'Isoline. Dans son idée fixe sur la grandeur de son fils, il lui semblait qu'en s'occupant de lui et en le poussant vers le but qu'elle avait assigné à sa vie, on ne faisait que son devoir, et que l'avenir de Clovis devait intéresser la nature entière. Tout le reste des hommes et des choses n'étant qu'accessoire et pouvant se remettre à une autre époque. Le soleil n'était destiné, selon elle, qu'à éclairer Clovis, pour qu'il pût lire ses livres et suivre ses cours de médecine — et aussi à faire pousser et mûrir les drogues qu'il aurait plus tard à ordonner à ses futurs malades. Ainsi elle dit à la veuve Séminel :

— Ecoutez-moi, Zoé Séminel — vous venez de dire des choses qui m'étonnent et me chagrinent, et dont il faut que nous parlions une bonne fois.

Certes vous êtes une bonne voisine, et je fais grand cas de vous ainsi que d'Isoline que j'ai vue naître et qui est une excellente fille et aussi charmante qu'il est possible dans votre classe.

— Et de quelle classe donc sommes-nous? reprit aigrement la veuve Séminel. Nous sommes paysannes, filles de paysans, à dire vrai; mais je n'ai jamais entendu dire que vous fussiez autre chose ni que vous descendissiez d'un évêque.

— Ce n'est pas de moi que je veux parler — répondit la veuve Gosselin — ne vous emportez pas si vite et laissez-moi aller jusqu'au bout. Je disais donc que je vous aime beaucoup ainsi qu'Isoline; mais qu'il faut que chacun suive sa destinée. Il y a dans la vie des carrefours où les meilleurs amis se séparent. Je ne voudrais pas que cette petite Isoline se rendît malheureuse. Il faut savoir rester dans sa sphère et ne pas s'évertuer à en sortir; Isoline est

5

jolie elle épousera quelque honnête laboureur.

— Ma fille et moi nous vous remercions, Astérie Gosselin — c'est bien bon à vous de donner ainsi votre consentement, sans quoi elle eût été obligée de rester fille, ce qui serait désagréable, si les filles sont aujourd'hui ce que nous étions à leur âge.

Tu entends, Isoline, notre excellente amie, la veuve Gosselin, te permet d'épouser un laboureur. Ne craignez-vous pas encore, Astérie, que ce ne soit trop élevé pour elle ; et que ça ne la sorte pas de sa sphère, comme vous nous en donnez le précepte, sans pourtant toutefois en donner l'exemple?

— Vous vous fâchez, Zoé Séminel ; et je n'avais que de bonnes intentions. Je craignais qu'Isoline n'eût laissé entrer, dans sa tête ou dans son cœur, la pensée d'épouser Clovis ; j'aime mieux l'avertir aujourd'hui que plus tard, que Clovis n'est pas son fait, et je pense que j'agis dans son intérêt.

— C'est trop de bonté, mille fois, Astérie Gosselin ; mais soyez sans inquiétude, nous savons trop la distance qui nous sépare. Non, Isoline Séminel n'aurait jamais dû porter sa visée jusqu'à M. Clovis Gosselin, dont la famille est si illustre et dont le château s'élève à côté de notre pauvre maison. A propos de votre château, Astérie Gosselin, je crois remplir le devoir d'une bonne voisine en vous avertissant que vous devriez bien faire faire les réparations du chaume qui le couvre; il est si vieux et si usé qu'il pourrait pleuvoir dans la chambre ou est né l'illustre rejeton. que l'on nous croit assez ambitieuses pour regarder.

Je vous dirai à mon tour : écoutez-moi, Astérie Gosselin; si par hasard, ma fille avait eu l'audace de porter si haut ses vues, je lui défends dès aujourd'hui de jamais parler ni écrire à votre fils, ni de s'occuper de lui plus que s'il n'avait jamais passé le seuil de notre maison.

— Tant pis pour vous si vous vous fâchez, Zoé Séminel, je n'ai pas le temps de me quereller; quand vous serez de sang-froid, vous verrez que je n'ai pas eu tort de parler comme j'ai fait, et que je n'ai donné à vous et à votre fille que de sages avis. Je vous dis donc adieu dès aujourd'hui au lieu de vous le dire demain comme j'en avais l'intention.

Isoline, qui n'avait éprouvé des paroles de la veuve Gosselin qu'une impression très-passagère, avait repris son calme et sa sécurité ; seulement elle ne voulait pas que sa mère et sa future belle-mère se séparassent brouillées.

— Ma mère, dit-elle, et vous, Astérie Gosselin, à quoi pensez-vous de vous quereller ainsi — il sera ce qu'il plaira à Dieu. — Ni vous ni moi nous ne changerons rien à ses volontés — n'oublions pas que nous avons toujours vécu en bon voisinage, et en bonne amitié — et au moment d'une si longue séparation, embrassons-nous — et gardons les uns des autres un bon souvenir.

Après quelques façons, les deux vieilles voisines s'embrassèrent sans grande effusion. — Pour Isoline, elle serra avec tendresse la mère de Clovis sur son cœur.

Quand la veuve Gosselin fut partie, la veuve Séminel renouvela à sa fille la défense formelle d'écrire jamais à Clovis ni de recevoir une lettre de lui.

— Je vous obéirai, ma mère, dit Isoline, mais croyez-moi, il n'en sera jamais — je le répète — que ce qu'il plaira à Dieu. — Je serai la femme de Clovis et je m'appellerai un jour madame Gosselin. En attendant je ne suis pas bien pressée d'écrire des lettres que je mettrais quinze jours à faire et pour lesquelles je ne trouverais pas de papier assez grand, puisque je ne sais écrire qu'en demi-gros—et encore assez mal.

— As-tu donc fait un rêve comme Astérie — et est-ce sur la foi de ton rêve que tu es certaine d'épouser Clovis, comme Astérie Gosselin est fière de lui voir remplacer le docteur Lemonnier et faire ses visites sur un cheval pie?

— Non, ma mère, je n'ai pas rêvé. Nous étions parfaitement éveillés, Clovis et moi, quand nous nous sommes promis, lui de revenir et moi de l'attendre.

— Ma pauvre enfant — j'aimerais mieux te voir croire à un rêve qu'à la promesse d'un homme.

— Je n'espère pas, ma mère, vous faire partager ma conviction, mais elle est si complète, que je ne l'examine même pas. Je vous obéirai, je n'écrirai pas à Clovis, et je ne recevrai pas de lettres de lui. Ça me fera paraître l'attente plus longue et plus dure; mais ça ne m'empêchera pas d'attendre, et ça n'empêchera pas nos destinées de s'accomplir.

— Ainsi donc, s'il se présentait un bon parti...
— Oh! ma mère, j'ai promis.
— Mais lui — ma pauvre enfant — il oubliera ses promesses, et, quand tu auras eu passé toute ta jeunesse à l'attendre, il ne viendra pas, et, comme te le disait tout à l'heure Astérie Gosselin, tu apprendras qu'il a épousé une femme riche.
— Qui? — lui? — Clovis?

Et Isoline prononça ces mots avec tant de confiance et de foi, que sa mère ne trouva rien à répondre, sinon de lever les yeux au ciel et de hausser les épaules.

La veuve Gosselin partit avec son bagage.
Le commandant du bateau la *Seine*, qui com-

mençait alors à faire le trajet du Havre à Rouen — avait été le patron de feu Césaire Gosselin — il offrit le passage à la veuve.

A Rouen, son fils l'attendait — elle mit leurs paquets au roulage et lui annonça qu'il fallait aller à Paris à pied.

— Moi, ma mère, je le comprends ; mais vous ?

— J'en ai fait et j'en ferai bien d'autres, répondit Astérie Gosselin ; nous sommes dans notre temps d'épreuves, il ne faut ni reculer ni hésiter. Marchons. Ils mirent quatre jours à faire la route qui sépare Rouen de Paris.

CHAPITRE V.

Lettre de Clovis Gosselin, étudiant en médecine, à Généreux Hérambert, maître d'école à Bléville.

Je suis à Paris ! — Paris dont Pierre le Grand disait : Si j'avais une pareille ville, je serais tenté d'y mettre le feu de peur qu'elle n'absorbât le reste de mon empire — cette ville où il entre par tant de portes et tous les jours, et incessamment, des bestiaux, de la farine, du lait, des poëtes, — et dont il ne sort que du fumier.

— Tenez, — mon cher maître, — je m'arrête ici — dès mes premiers pas. — Cette lettre allait ne pas avoir le sens commun. Quand on est très-jeune, on veut avoir l'air austère et misanthrope. J'avais quitté nos campagnes normandes un peu triste. Il me semblait que je me sacrifiais à ma mère. J'avais endossé le rôle de victime; et si je n'y avais fait attention, j'allais le jouer avec vous. Puisque vous avez la bonté de recevoir les lettres d'un écolier qui ne sait rien, qui n'a rien vu, faut-il du moins que ces lettres soient vraies et naïves. J'étais assez content de ma phrase. « Cette ville où il entre tant de choses et dont il ne sort que du fumier. » mais je dois confesser que je l'avais emportée toute faite de chez nous. Il m'a semblé que c'est ce que font la plupart des voyageurs. On a tant de petits soins à prendre en voyage qu'on ne peut observer — et qu'on écrit son voyage avant de partir.

Eh bien! non, ce n'est pas là l'impression que j'ai reçue de Paris, et je suis probablement dans l'excès contraire. C'est de Paris que sortent des idées pour le monde entier. On y frappe les idées comme les louis à la Monnaie, et de là elles circulent avec un cours légal et accepté partout.

Tenez, mon cher maître — au lieu de vous

envoyer mes pensées, fort confuses encore — je ferais mieux de vous dire ce que ma mère et moi nous avons fait depuis une semaine que nous sommes ici.

Nous sommes entrés tard à Paris, on commençait à allumer les réverbères.

Nous étions fatigués, nous nous sommes arrêtés dans une auberge, à l'entrée de la ville, où nous avons soupé et passé la nuit.

Le lendemain matin, nous avons traversé tout Paris pour chercher un logement. Ma mère était munie de renseignements très-exacts admirablement rangés dans sa tête. Je n'ai pas besoin de vous dire son intelligence et son opiniâtre application à ce qu'elle fait. Nous avons trouvé deux demi-chambres, comme on dit chez nous, et ce qu'on appelle ici des cabinets, pour cent francs par an. C'est tout en haut d'une maison haute comme une colline. Pour le même prix et même un peu moins notre voisine Séminel a une maison avec grenier et grange, et toute une grande cour plantée de pommiers.

— Le logement ne te paraît pas beau — dit ma mère — mais ce n'est pas un *séjour* que nous établissons ici. Nous sommes en voyage. Il s'agit d'être à l'abri du vent et de la pluie — voilà tout. — Plus tard, nous nous logerons à notre goût quand tu seras médecin. Quand nous serons arrivés.

Le logement arrêté — il nous fallut aller chercher nos hardes, puis les ustensiles que ma mère avait mis au roulage; ensuite elle acheta deux lits de sangle, deux petites tables, deux chaises, et elle déclara nos logements meublés. Nous mangeâmes ce jour-là du pain et de la viande qu'elle acheta toute cuite chez un chaircuitier — et nous bûmes du vin violet fort désagréable au goût. Oh! notre bon cidre normand, si limpide et si parfumé! ils appellent cidre ici quelque chose qui se fait avec des fruits secs, et qu'on vend fort cher ce qu'il y a de plus passable à boire à bon marché, c'est la bière.

On prétend, dans les livres, que c'est en Egypte que la bière a été inventée — je me rappelle que Julien l'Apostat avait fait une épigramme grecque contre la bière qu'il avait bue aux environs de Lutèce.

— Non, dit-il, tu n'es pas le vrai Bacchus; le fils de Jupiter a l'haleine douce comme le nectar, et la tienne ressemble à celle d'un bouc.

On prétend que nous buvons du cidre en Normandie, parce que nous n'avons pas de raisin pour faire du vin. — Si c'était là la seule raison, les Parisiens pourraient nous apprendre à nous passer de raisin ; on m'a nommé une foule de choses avec lesquelles ils font du vin — le sureau, l'hièble, la ronce. — Mais, dis-je à celui qui me parlait — est-ce qu'on ne fait pas aussi du vin avec du raisin?

— Ah! pardon — dit-il — j'oubliais... Effectivement, on en fait aussi avec du raisin.

— Couchons-nous de bonne heure, dit ma mère — demain nous verrons Paris — ce n'est qu'après-demain que nous commencerons à travailler.

Le lendemain — c'était dimanche — nous mîmes nos plus beaux habits — puis nous allâmes à la messe à Saint-Roch — où il y avait une messe en musique. — Les églises de Rouen que je connais sont bien plus belles que Saint-Roch de Paris.

— Mais jamais je n'avais entendu une pareille musique — cela emporte le cœur au ciel — l'orgue remplissait l'église de torrents d'harmonie — puis des chœurs de voix chantaient les hymnes. — Il y avait beaucoup de monde, mais les gens avaient l'air d'être là beaucoup moins pour prier Dieu que pour écouter la musique — on causait de tel ou tel morceau, de tel ou tel chanteur. Et j'appris non sans étonnement que c'étaient des acteurs excommuniés et maudits par l'Eglise qui venaient dans la nef faire entendre leurs voix de perdition.

Cela était très-étonnant pour un écolier qui sort de *faire sa logique*, et qui ne connaît absolument que les livres. Dans l'ancienne discipline ecclésiastique, on portait la régularité jusqu'à vouloir que ce fussent des prêtres et des moines qui touchassent de l'orgue. La paroisse de Saint-Jacques-la-Boucherie, à Paris, produisit la première le scandale de faire toucher l'orgue par un laïque, en 1496, et pourtant ce laïque était un notaire au Châtelet de Paris, homme fort pieux qui faisait des actes toute la semaine et jouait le dimanche l'orgue de Saint-Jacques-la-Boucherie.

A propos de ce mot — je viens d'éprouver un embarras pour construire ma phrase — la grammaire veut qu'orgue soit masculin au singulier et féminin au pluriel, et je n'ose ni manquer à la grammaire ni dire : l'orgue de l'église Saint-Jacques-la-Boucherie était alors *un* des plus *belles* orgues de Paris. — Vous trouvez peut-être que je suis bien dans la grammaire — soyez tranquille — ce même soir-là je suis sorti de la grammaire pour entrer dans la vie.

Après notre sortie de l'église, nous allâmes aux Tuileries et aux Champs-Elysées. Que de gens parés, de chevaux, de voitures ! Regarde bien toutes ces richesses, me disait ma mère, eh bien ! tout cela sera à toi, si tu le veux. — Dites au moins à nous — ma mère

Quand il fut l'heure de dîner, je m'attendais à faire comme la veille l'emplette de notre dîner chez le chaircuitier — mais ma mère me dit : Nous allons faire un bon dîner chez un restaurant.

— Mais ce sera bien cher?

— Le chaircuitier même est trop cher pour nous, répondit-elle, et dès demain je ferai nos repas avec plus d'économie. Cette journée d'aujourd'hui, il y a six mois que je la prépare — laisse-toi faire.

Nous allâmes au Palais-Royal, où nos yeux furent éblouis par la magnificence des boutiques — puis nous entrâmes dans une sorte de palais dont je n'avais jamais vu le pareil que dans les contes de fées. C'étaient partout des peintures, des dorures, des glaces — sur une espèce de trône était une jolie personne richement habillée — des hommes très-bien mis et très-frisés servaient les dîneurs. — Nous nous sommes assis à une table. J'osais à peine marcher et avancer — d'autant que la salle était si miraculeusement éclairée, qu'en réalité on y voyait plus clair que le jour. Ma mère tira de sa poche un papier qu'elle donna au domestique — un de ces messieurs si bien frisés et si bien mis, que lorsqu'il me prit mon chapeau pour l'accrocher à une patère — je me laissai aller à lui dire poliment : — Monsieur, ne vous donnez pas la peine... mille remercîments.

Le papier que ma mère avait communiqué au garçon était la carte de notre dîner. Elle s'était fait donner, je ne sais par qui, le menu d'un dîner de gens riches.

Nous mangeâmes des choses qui m'étaient inconnues ou qui étaient tellement déguisées par la cuisine, que je ne les reconnaissais pas. On nous fit boire avec cela du vin — du vrai vin — très-probablement fait avec du raisin. — Ça vaut le cidre — mais ça a sur le cidre un avantage marqué.

Il paraît qu'il faut que l'homme s'enivre — car la Providence en a singulièrement multiplié et varié les moyens — le vin tant célébré par les anciens est loin d'être seul chargé de cette importante fonction — en Normandie et dans les provinces voisines, on s'enivre avec du cidre — en Angleterre, en Flandres, avec de la bière — il y a des sauvages qui tirent du tronc de certains palmiers une liqueur très-excitante et qui les rend aussi stupides que pourrait faire le meilleur vin — mais il m'a semblé ces jours-ci, en buvant de la bière, qu'il fallait être né Anglais, ou Flamand, ou Hollandais pour s'enivrer avec cette boisson. — J'ai entendu dire à des Parisiens qu'il n'y avait que les Normands qui pussent s'enivrer avec du cidre.

Eh bien ! je crois que le vin — et le bon vin — peut enivrer tout le monde. J'en eus la preuve; quoique nous n'eussions bu qu'une bouteille de vin, ma mère et moi, bouteille unique dont, à vrai dire, j'avais bu au moins les trois quarts, je me sentais dans l'esprit une légèreté inusitée, une disposition à voir les choses de leur beau côté, et une tendresse générale que je ne me rappelais pas avoir jamais ressentie. — En sortant du restaurant, en traversant cette grande salle si éclairée, il me semblait que la terre tremblait un peu sous mes pas. Quand nous fûmes dehors, je me sentis d'abord un peu étourdi, mais je ne tardai pas à me remettre, et ne gardai que la prédisposition à la joie qui s'était emparée de moi, nous n'avions pas bien loin pour aller à l'Opéra. Ma mère prit deux billets, et nous entrâmes. Je fus d'abord un peu surpris des larges escaliers couverts de tapis, mais quel ne fut pas mon éblouissement quand nous fûmes installés dans la salle! Je n'étais jamais allé au théâtre, même à Rouen, où je ne sortais jamais du collége.

D'abord je ne vis que les lumières — le café de Véry qui m'avait paru un palais — n'était qu'un taudis à côté de ce que je voyais.

Notre costume attira un peu les regards, mais nous étions si occupés nous-mêmes de regarder que nous nous aperçûmes à peine de l'attention passagère que nous excitions. J'étais dans le ravissement, je croyais rêver; ces femmes parées comme je n'en avais jamais vu; éclairées par cent becs de gaz, avec des diamants qui avaient l'air de petites étoiles sur les cheveux, au col et aux oreilles — mais ce qui m'éblouissait encore davantage, quoique je ressentisse une sorte de terreur qui m'empêchait presque d'oser les regarder — c'étaient les épaules et la peau étincelante des femmes. Il faut dire que le dîner chez Véry, le bon vin, le café, m'avaient admirablement prédisposé à l'enthousiasme. La musique et les lumières et ces apparitions étonnantes achevèrent de me griser; la toile se leva et j'éprouvais de nouveaux enchantements; les danseuses me surprirent fort; mes yeux se portèrent du théâtre dans la salle et de la salle sur le théâtre.

— Sur le théâtre, me dit ma mère — ce sont des danseuses, des actrices, des courtisanes, des femmes consacrées au démon et maudites par l'Église.

Dans les loges ce sont les grandes dames, les femmes honnêtes, les femmes respectées—celles qui étaient ce matin à Saint-Roch.

Les unes et les autres sont nues jusqu'à la ceinture ou à peu près, les danseuses par en bas et les honnêtes femmes par en haut. C'est à ça qu'on les distingue.

Pour moi je les trouvais toutes ravissantes et admirablement belles — cependant je ne tardai pas à tourner plus volontiers mes regards du côté des loges — en grande partie parce que ma mère m'avait dit que les unes étaient des courtisanes et les autres des femmes comme il faut, — mais encore et, je crois, davantage, par une autre raison.

Les danseuses me paraissaient tellement étranges, que je les prenais ou pour des fées — ou pour des êtres d'une autre espèce que nous — c'était curieux, singulier, extraordinaire — mais cela ne me causait pas d'émotions.

Les femmes des loges, au contraire, me semblaient de vraies femmes fort différentes de ce que j'avais vu jusque-là — mais enfin c'étaient des femmes. — Figurez-vous bien, mon ami, un pauvre paysan normand transporté à l'Opéra — que vous connaissez. — Jamais je n'avais vu de ma vie les jambes d'une femme. — Quand une femme chez nous montrait un peu sa jambe jusqu'au-dessus de la cheville en traversant un ruisseau, elle devenait toute rouge.

Je n'avais jamais vu les épaules ni la gorge d'une femme — chez nous on voit le col — jusqu'au petit cordon noir qui attache la croix d'or, on ne voit pas la croix pendant l'hiver. — L'été on voit la croix — et c'est tout.

Dans mes idées vagues, j'avais mêlé l'aspect de ces choses aux mystères du mariage.

Et toutes mes idées étaient bouleversées par ce que je voyais à la fois et sur la scène et dans les loges. Les femmes, chez nous, on les reconnaît à cela qu'elles ont des jupes et de longs cheveux. A part cela, leur démarche, leurs poses, leurs mains, leurs pieds, sont pareils aux nôtres — leur peau est semblable à la nôtre.

Mais là — je voyais des mains petites, effilées, blanches, des cols et des épaules revêtus d'une peau blanche, fine, soyeuse.

Je découvris que je voyais des femmes pour la première fois; des femmes telles que les célèbrent les poëtes.

Je compris que j'avais vu jusque-là des femelles de laboureurs, des femelles de pêcheurs.

Enfin je voyais des femmes !

J'étais comme le Musulman entrant dans le paradis de Mahomet peuplé de houris, dont la femme n'est qu'un grossier simulacre.

Certes, Isoline est une bonne, une jolie, une douce, une charmante fille ; mais les sentiments qu'elle m'inspire ont quelque chose d'austère, de saint qui ressemble plus à l'amitié tendre d'un frère pour une sœur qu'à l'amour que dépeignent les poëtes, comme Ovide. Je compris alors ces quatre vers que j'avais lus quelques jours avant mon départ de Rouen.

— Vous fermez le volume et l'on vous voit rêver :
Que diable lisez-vous de si beau? — Mais Ovide.
— Je comprends maintenant ; c'est le plus charmant guide
Que l'on puisse choisir..... quand on veut s'égarer.

Mais ces ravissements, ces enivrements que me causait l'aspect de ce bouquet de femme — frais, riant, embaumé comme des fleurs — voilà l'amour ?

— Et que serait-ce donc — si j'existais pour une d'entre elles, si... Oh ! non, il me semble que si l'une d'elles mettait sa petite main dans la mienne comme Isoline y a mis la sienne — je tomberais consumé et comme frappé de la foudre.

Quand le spectacle fut fini — nous nous trouvâmes arrêtés dans les escaliers par la foule qui s'écoulait lentement, confondus avec ces femmes dont les épaules étaient alors couvertes de velours et de fourrures — mais dont la voix était une harmonie et l'haleine un parfum. Je voyais des hommes venir à elles, leur parler, leur prendre la main. — Elles leur répondaient en souriant. Je haïssais ces hommes. — Certes, je me sentais bien un être inférieur à toutes ces charmantes beautés. Je voulais bien les adorer respectueusement en silence — mais je ne pouvais souffrir que ces hommes — des hommes comme moi — les traitassent en égales. — On s'arrêta sous le péristyle. On attendit les voitures. — Des laquais galonnés et dorés appelaient les cochers et venaient avertir quand les voitures étaient arrivées. — Les chevaux piaffaient et entraînaient rapidement les carrosses. Nous nous en retournâmes à pied rue de la Harpe. — J'étais ivre — j'étais fou.

Quand nous fûmes chez nous — ma mère me dit : Cette journée est finie — j'ai dépensé cinquante francs. Cinquante francs ! juste autant que j'ai dépensé pour me nourrir pendant les quatre derniers mois que tu as passés au collége. — Cinquante francs ! Un trésor ! mais je voulais pouvoir te dire — ce que je vais te dire.

Pense bien et pense toujours à ceci : Nous allons pendant quelques années mener une vie laborieuse et misérable. Mais, si tu le veux, tout ce que tu as vu aujourd'hui, les richesses et les plaisirs de tout genre, les voitures, les chevaux, les dîners exquis, les vins délicieux, les théâtres, la musique — toutes ces belles femmes, ces ravissantes créatures que tu as vues ce soir — tout cela est à toi — tout cela est à toi si tu le veux — mais ce que j'appelle vouloir, ça n'est pas désirer. Quand on veut aller quelque part, on fait le chemin. Tout cela est à toi — mais pour cela il faut devenir riche — pour devenir riche il faut travailler. — Travaille sans relâche

— autant que tes forces te le permettront. — Quand tu sentiras le besoin de te reposer ou de te distraire une demi-heure, tu le feras, mais tu penseras que tu prolonges d'une demi-heure notre pauvreté et que tu retardes d'une demi-heure le moment où tout ce que tu as vu aujourd'hui t'appartiendra.

Cette journée est finie.

A prendre de demain, nous allons être pauvres, pauvres comme nous l'étions à Bléville quelquefois, souvent même plus pauvres encore, parce qu'il ne suffit pas de vivre, il faut payer pour tes inscriptions, pour tes livres, pour tes examens, pour cent choses que j'ai là écrites; car j'ai depuis longtemps tous les renseignements possibles. Il faut que tu sois vêtu convenablement. Agis comme tu me l'as promis, rame courageusement et laisse-moi tenir la barre du gouvernail. — Nous réuissirons — j'ai bien su te faire bachelier, je te ferai docteur, je te ferai riche, estimé, heureux.

Dieu sait que je ne dormis guère cette nuit-là — je me sers là d'une locution toute faite — j'aurais parlé plus justement en disant que c'est le diable qui sait mon insomnie dans la nuit qui suivit cette conversation. —J'étais toujours à l'Opéra, j'entendais toujours ma mère qui me disait : Tout ce que tu vois est à toi — si tu le veux — et je voulais — et je le voulais, je le voulais à en devenir fou. — Ce n'est que plus tard que j'ai pensé que ma mère avait un peu fait comme le diable quand il emporta le Christ sur la montagne. — Certes, si le diable à son tour eût fait comme ma mère, et s'il m'avait dit en me montrant tout ce que j'avais vu ce jour-là : — Tout cela, est à toi *si cadens adoraveris me* — je le crains, je n'aurais pas hésité longtemps à me jeter à ses griffes et à l'adorer.

Le lendemain, le déjeuner se composa de pain et de fromage. Ma mère mit nos hardes et notre logis en ordre ; puis elle alla porter quelques-unes de ses lettres de recommandation. Elle échangea tous les livres que j'avais eus en prix du collége contre les premiers livres dont je vais avoir besoin. Je pris ma première inscription et je commençai à me mettre à la besogne.

Je n'avais pas encore demandé à ma mère sur quelles ressources elle comptait pour nous faire vivre pendant quatre ans. Elle m'a expliqué son plan financier. Grâce à ces lettres de recommandation et aux protecteurs que, dit-elle, elle saura bien se faire aussitôt qu'elle aura pris langue dans le pays, elle me trouvera des écoliers ; des enfants qui suivent les cours des collèges et qui ont besoin d'un répétiteur ou des jeunes gens ayant besoin de se préparer au baccalauréat — elle ne veut pas que j'en prenne beaucoup parce que cela me ferait perdre du temps ; elle aura bientôt calculé ce qu'il nous faut strictement pour vivre, et elle ne me permettra pas de gagner un sou de plus de cette manière, parce que ce serait retarder lâchement le moment de notre bonheur.

Aujourd'hui déjà j'ai un élève qui vient à mon grenier deux heures par jour ; il me donne trente francs par mois. Ma mère pense que nous aurons assez de deux élèves qui viendront ensemble et ne me prendront pas plus de temps qu'un seul. Dans quelque temps, mon cher maître — je pourrai vous donner des détails plus précis — car en ce moment je suis tout étourdi, tout ébloui, tout abasourdi.

Je travaille — je vais surtout beaucoup travailler — et, comme ma mère m'a plusieurs fois répété que je le lui ai promis — ramer sans relâche, en lui laissant tenir la barre du gouvernail.

Adieu donc, mon cher et honoré maître.

ANTOINE-CLOVIS GOSSELIN.

CHAPITRE VI.

Clovis Gosselin, étudiant à Paris, à M. Généreux Hérambert, maître d'école à Bléville.

Mon cher et honoré maître,

Voici près de deux mois que je ne vous ai écrit; mon excuse serait que j'ai beaucoup travaillé, ce qui est vrai, — mais ce qui est vrai aussi, c'est que je n'ai pas grand'chose de nouveau à vous dire.

Ma mère a modifié son plan de finance. Il y a un mois elle me dit : Je t'ai trouvé un nouvel élève. — Très-bien, dis-je, cela complète les deux que vous me vouliez. — Et, dit-elle — ce nouvel élève te donnera cinquante francs par mois.

— Nous serons bien plus à l'aise, dis-je.

— Pas le moins du monde ; je vais renvoyer le premier ; cinquante francs par mois suffiront pour notre nourriture et notre loyer ; pour ce qui est de notre entretien, de tes livres, de tes inscriptions, avec l'aide de Dieu, j'y aviserai ; ne te tourmente de rien, tout sera toujours prêt à temps ; travaille, efforce-toi de rattraper les deux heures par jour que cet élève te fait perdre.

Maintenant, vous pouvez vous représenter, mon cher ami, combien d'énergie, d'activité, d'opiniâtreté ma mère déploie pour nourrir un garçon de mon âge, vigoureux et affamé, et elle-même, avec vingt sous par jour. Elle lave et raccommode notre linge. Elle réussit même à me faire mes vêtements. Nous avons eu une petite querelle l'autre jour, parce que j'ai découvert qu'elle allait elle-même puiser de l'eau à la fontaine publique, pour épargner six liards tous les deux jours, qu'il faudrait donner à un marchand d'eau. Cette fois, je n'ai pas cédé. J'avais le cœur navré, je pleurais en pensant que j'avais vu cette pauvre femme monter deux fois dans la même journée une énorme cruche d'eau au cinquième étage, après l'avoir été chercher à plus de cinquante pas, à une fontaine publique établie dans une rue voisine.

— Ma mère, lui dis-je — vous savez combien je me soumets à vos moindres volontés, mais cette fois je ne vous céderai pas; ou vous prendrez de l'eau à un porteur d'eau, ou c'est moi qui irai chercher de l'eau à la fontaine. Après une longue discussion, pendant le dîner, car elle n'eût pas laissé perdre ce temps-là dans la journée, elle chercha et trouva moyen de retrouver ces trois liards par jour dont je lui imposais la dépense, par une autre dépense qu'elle modifia. Pensez, mon cher maître, qu'avec nos faibles ressources qu'elle ne veut pas me permettre d'accroître, un sou dépensé mal à propos romprait l'équilibre de notre budget. Si j'ai gagné la victoire sur l'eau, il m'a fallu lui céder sur d'autres points qui ne me choquent pas moins — il s'agit de soins qui ne sont pas bien fatigants, mais qui ont quelque chose de servile — je voulais nettoyer mes habits et surtout ma chaussure. — Laisse-moi tranquille, me dit-elle — ce n'est pas ton affaire — tu retardes d'une demi-heure le moment où nous serons riches, où nous serons heureux, où nous serons docteur.

Outre les soins de notre intérieur, elle trouve du dehors toutes sortes de choses à faire; et ce qu'elle gagne ainsi, pauvre femme — en se fatiguant outre mesure, elle le met soigneusement en réserve pour acheter mes livres nécessaires, payer mes inscriptions et renouveler mon chapeau et mes souliers; les seules choses qu'elle ne prétend pas faire elle-même. Quelquefois je me désespère quand je la vois rentrer fatiguée, haletante, pour faire notre dîner, raccommoder nos hardes, laver notre linge. Je la supplie de me laisser prendre un second élève. Non, me répond-elle avec opiniâtreté. J'avais cru d'abord que deux élèves ne te prendraient pas plus de temps qu'un seul; mais je t'ai vu donner tes leçons et je sais que je m'étais trompée. — Mais, ma mère, lui dis-je, je ne puis vous exprimer combien je souffre de vous voir livrée à un travail aussi pénible. Et que ferais-je pendant que tu étudies? me dit-elle. Je m'ennuierais. Je ne sais ni lire ni écrire. Ne nous amusons pas à des sensibilités. Travaillons — travaillons tous les deux à notre bonheur. — Que chacun fasse ce qu'il peut et ce qu'il sait faire.

Ma mère est une organisation tellement forte, tellement puissante, qu'elle me domine, qu'elle m'entraîne — et puis quelquefois, à l'heure de nos repas — elle me fait des descriptions si animées des plaisirs de la fortune, qu'elle me remonte la tête — que je trouve tout ce qu'elle dit raisonnable, et que je me sens aussi pressé qu'elle d'arriver.

J'entends parfois aux cours mes condisciples parler de toutes sortes de choses que je ne connais pas, et que, selon toutes les probabilités, je ne connaîtrai jamais. Ils ont des endroits de réunion — où on danse, où on joue, où on boit de la bière — la Grande-Chaumière et deux ou trois autres établissements. — Ils y vont le dimanche et aussi dans la semaine. — Ils vont au spectacle — ils déjeunent et dînent les uns chez les autres — ils jouent aux dominos, aux cartes, au billard — ils se promènent beaucoup — ne vont pas aux cours quand il fait trop froid, et s'en abstiennent quand il fait trop chaud — ils ont des amis, des maîtresses, etc. — Mais, sur ce dernier point, il ne faut pas trop croire aux charmantes figures esquissées par les romanciers — de jeune fille laborieuse toute la semaine — et s'amusant le dimanche à danser avec un amant auquel elle garde fidèlement son cœur.

Non, l'étudiante, comme on l'appelle — n'est pas ainsi faite — ce sont des courtisanes de bas étage — elles sont maîtresses d'étudiants — c'est un état, elles n'en ont pas d'autres — l'étudiant les paie — on les régale — ces amours même ont quelque chose de triste — en cela que ces jeunes gens à l'âge des sentiments chaleureux, élevés, dévoués — ne pouvant, quand ils ne sont pas des niais, s'empêcher de mépriser les objets de leur amour — ne reçoivent ni au cœur ni à l'esprit la féconde influence d'un premier amour pur, élevé, poétique — toute la brillante et printanière floraison de la jeunesse est perdue pour eux.

Je ne vous parle pas — des fâcheuses habitudes, des atteintes graves à la santé, etc.

Mais une chose dont je suis convaincu — c'est que si les études de droit et de médecine, du moins en ce qui concerne la partie théorique, se faisaient dans un établissement semblable à nos colléges — où les élèves seraient soumis à une discipline, tout en recevant plus de liberté qu'au collége cependant — on apprendrait — en travaillant mal comme au collége, mais avec une sorte de régularité. — On apprendrait et on saurait en deux ans — ce qu'on apprend à peine en cinq ou six. — Je comprends très-bien ce brave paysan qui — écrivant à son fils, mettait sur l'adresse de sa lettre :

A Monsieur,
Monsieur Louis Quesnel, mon fils, étudiant à Paris,
ou du moins envoyé à Paris pour étudier.

Ce n'est que peu de temps avant chaque examen que l'on se renferme et que l'on entasse dans sa tête les connaissances nécessaires pour répondre à l'examen. Ces choses ingérées confusément dans le cerveau, n'y sont nullement digérées, ne s'y assimilent pas — on se donne une indigestion et le cerveau trop plein rejette le tout devant les examinateurs.

On compte beaucoup pour être reçu sur tel ou tel hasard qui vous fait présenter telle ou telle question par tel ou tel examinateur. — Chaque examen n'est pas une source de science acquise. — Non, c'est plutôt une barrière sautée — comme on fait faire aux chevaux de course.

Si ma mère se traite rudement, elle ne me ménage guère plus — j'ai été longtemps à lui faire comprendre ce que vous m'avez si bien expliqué — et d'après quoi je faisais tout à l'heure un raisonnement — c'est-à-dire que le cerveau doit digérer comme l'estomac.

Au commencement, quand elle ne m'entendait pas marmoter des paroles sur mes lèvres, quand elle n'entendait pas ma plume grincer sur le papier — si je réfléchissais sur ce que je venais de lire, quand je cherchais une expression rebelle, elle me criait de l'autre pièce où elle faisait notre cuisine : — Allons, allons, Clovis, du courage, mon garçon, ne t'endors pas.

Elle est aujourd'hui un peu plus raisonnable; cependant, si elle se résigne à ne pas toujours m'entendre marmoter, à ne pas me voir écrire sans cesse, elle est néanmoins toujours beaucoup plus satisfaite de cette forme d'occupation que de toute autre — et quand j'ai passé la journée à écrire ou à apprendre par cœur, elle me félicite le soir et me caresse.

Elle s'est cependant aperçue il y a quelques jours que je maigrissais; elle a compris que je manquais d'air et d'exercice; elle a institué des promenades au Luxembourg que nous faisons ensemble après dîner — elle me conseille d'emporter un de mes livres.

Là, elle ne perd pas ses idées de vue un instant — elle n'a pas assez de sarcasmes pour les étudiants qu'elle voit passer avec des femmes sous le bras et se dirigeant vers quelque lieu de

7

plaisir. Elle ne vient cependant pas toujours avec moi ; elle me dit qu'elle n'a pas le temps, et quand j'insiste parce qu'il me répugne de prendre une distraction sans elle, elle me dit, ce qui est vrai, qu'elle prend bien assez d'exercice comme cela et que sa santé n'en souffre pas.

La maison dont nous sommes les plus minimes locataires appartient à une vieille demoiselle fort riche. — Ma mère a quelquefois pour elle quelques travaux, du linge à raccommoder ou toute autre corvée.

Je ne veux pas le dire à ma mère, mais je suis réellement fatigué. J'ai la tête lourde et somnolente. Par moments je reprends tous mes enivrements du jour de notre arrivée à Paris, mais d'autres fois j'éprouve un grand découragement et une lassitude invincible.

A-t-elle réellement bien raison, et étais-je appelé à être autre chose qu'un laboureur ? — J'en doute — j'apprends avec quelque facilité, mais je ne me sens pas entraîné avec enthousiasme vers la science médicale, comme je l'étais quand vous m'appreniez à voir et à admirer les merveilles de la nature. Mon but même dans mes moments de courage, c'est le bien-être qui doit ressortir d'une position acquise ; ce n'est pas la curiosité et l'ardeur de la science — ce n'est que par accident le désir de soulager l'humanité — ce ne doit pas être ainsi qu'on devient un grand médecin ; et mon travail opiniâtre, qui n'a qu'un but égoïste et intéressé, a par cela même quelque chose de servile et d'ignoble qui me choque.

Mais — il est trop tard pour reculer, ce serait porter à ma mère un coup mortel. Cependant, je dois m'avouer aussi quelquefois que son caractère a plus de force que d'élévation, et que son but n'est pas plus élevé que le mien.

En attendant, je suis dans l'ornière, je la suivrai. — Je ramerai, et ma mère mènera notre barque à son gré.

Je pense cependant quelquefois à nos cours et à nos masures — aux pommiers en fleurs dans les cours — aux ajoncs dorés qui tapissent nos côtes — et je soupire.

Je pense aussi souvent à vous et à nos entretiens d'où je sortais réellement plus savant et meilleur.

Je pense aussi à cette chère petite Isoline — mais ma mère en quelques paroles me rend les rêves enivrants et je veux être riche et avoir à moi tout ce que je vois appartenir à d'autres qui n'y ont pas plus de droits que moi.

Je vous écris la nuit — mon cher maître — non que ma mère n'ait gardé pour vous une profonde et respectueuse reconnaissance — mais elle veut que j'ajourne tous devoirs comme toutes distractions.

Je cesse — car j'ai la tête horriblement fatiguée et je ne vois presque plus clair.

A bientôt, mon cher et honoré maître,

Antoine Clovis GOSSELIN.

CHAPITRE VII.

Isoline Séminel.

Comme, un matin, maître Généreux Hérambert sarclait une de ses plates-bandes, Isoline Séminel demanda à lui parler.

— Maître Hérambert — lui dit-elle — je suis ignorante autant qu'on peut l'être. Pour lire, j'ai besoin d'épeler la plupart des mots, et de me lire tout haut à moi-même — pour écrire, je ne sais écrire qu'en demi-gros... très-mal et très-lentement, je veux savoir lire et écrire, un peu compter, et un peu de choses que je ne connais pas, mais qu'il faut savoir quand on doit épouser un savant pour ne pas ennuyer son mari et pouvoir le comprendre et le suivre dans ses idées.

Je ne gagne pas grand'chose en filant, cependant je pourrai vous payer si vous ne me demandez pas trop cher.

— Ma belle fille, dit Hérambert, tu es donc décidée à attendre Clovis?

— Je le lui ai promis.

— Mais sa mère y consent-elle?

— Non, pas pour le moment.

— Et la tienne?

— Pas davantage, mais par orgueil, à cause que la veuve Gosselin a paru nous dédaigner — mais que la veuve Gosselin vienne me demander à ma mère, et ce n'est pas elle qui mettra grand obstacle.

— Mais si Clovis ne revenait pas, s'il t'oubliait?...

— Là-dessus, maître Hérambert, je sais ce que je sais, et j'ai le cœur calme et assuré. Combien me prendrez-vous pour m'enseigner ce que je vous ai dit?

— Ma chère enfant, je suis bien à ton service,

je t'enseignerai tout ce que tu désires savoir, mais à une condition...

— Laquelle ?

— C'est que c'est Clovis qui me paiera quand tu seras sa femme.

— Comme vous voudrez, maître Hérambert.

De ce jour, Isoline travailla avec une ardeur au moins égale à celle qu'apportait Clovis à ses cours, mais dans un but plus noble et plus élevé. Elle ne tarda pas à lire facilement sans être forcée de se lire à elle-même à haute voix ; puis elle écrivit en fin ; puis elle apprit à peu près l'orthographe ; puis Hérambert lui prêta des livres pour qu'elle apprît un peu d'histoire.

Aussitôt qu'elle sut écrire, elle se dit à elle-même : On m'a défendu d'écrire à Clovis, c'est-à-dire de lui envoyer des lettres. J'ai promis d'obéir, et j'obéirai. Mais il est absent ; dès le jour où je lui ai promis de l'attendre, je suis sa femme, je lui dois compte de toutes mes actions. Elle acheta un cahier blanc proprement relié, et chaque soir, après que la veuve Séminel était couchée, elle écrivait le récit de sa journée, ce qu'elle avait fait, ce qu'elle avait pensé ; les noms de ceux qui lui avaient parlé, etc.

Voici, du reste, les premières pages de ce livre :

Dimanche 1er mai.

Ma mère dort — je vais commencer l'exécution d'un projet qui me plaît infiniment et qui me fera passer bien plus doucement le temps si long de notre séparation. Quand je serai ta femme, Clovis, je te remettrai ce cahier, et tu sauras, jour par jour, ce que j'aurai fait et pensé depuis que je me suis donnée à toi et en te disant : Je t'attendrai.

Ma mère ce matin m'a embrassée avec une onction inusitée — puis elle m'a attirée sur ses genoux : — Ecoute, me dit-elle, j'ai quelque chose de grave à te dire. — Il s'est présenté un mari.

— Et pourquoi faire, ma mère, ai-je dit? est-ce que je n'en ai pas un?

— Qui? Clovis! — J'espère que tu es réveillée de ce rêve qui n'a pas le sens commun.

— Si c'est un rêve, ma mère, dis-je, il durera toute ma vie.

Et je me levai de dessus ses genoux, et je me remis sur une chaise.

— Allons donc! Sois sûre que sa mère lui cherche une femme riche, et sois sûre qu'elle réussira. Peut-être est-il inquiet en ce moment, et cherche-t-il comment il t'apprendra la nouvelle de son mariage, tu lui rendras service en lui annonçant le tien.

— Oh! ma mère, m'écriai-je,... mais je ne dis pas un mot de plus, et demeurai silencieuse — ma mère ne me comprendrait pas. — Après le bonheur ineffable d'être la femme de Clovis, la seule condition humaine possible pour moi serait de le regretter et de me souvenir dans ces lieux qui sont si pleins de lui et de nos jeunes amours — où tout me parle de lui et me raconte nos premières années — cette triste situation

7.

me paraîtrait encore un immense bonheur en comparaison des bonheurs horribles dont on me parle.

Ma mère entreprit et continua un long éloge de ***; après l'énumération de ses vertus, elle fit l'énumération de ses moutons.

Son excellente famille et ses terres fertiles, son bon caractère et ses magnifiques pommiers, son amour et son argent — tout cela résonna confusément à mes oreilles dans le discours non interrompu de ma mère.

Mais presque rien n'arriva à mon esprit; rien ne pénétra jusqu'à mon cœur.

Je n'ai qu'à fermer un instant les yeux pour voir Clovis — je le vois comme moi pensant à notre avenir, à notre mariage — je le vois travaillant avec assiduité pour hâter le jour de notre union — pour moi, je travaille, je prie — j'attends.

Je remplis scrupuleusement à son égard les sévères devoirs d'une chaste épouse.

J'évite les regards des hommes, et je serais offensée et attristée de leurs attentions. — j'ai eu besoin de me raisonner assez longtemps pour comprendre que la demande que *** avait faite à ma mère n'avait rien de blessant pour moi. Je crains seulement que ma mère ne lui dise pas assez nettement mon refus — je souffre de savoir qu'il roule dans son esprit la pensée que je puis devenir sa femme — je voudrais pouvoir écrire sur mon front : « Je suis la fiancée, la femme de Clovis. »

Être *sa* femme — sa propriété — être à lui, lui appartenir — avoir pour devoirs de l'aimer en santé, de l'assister en maladie, de me consacrer à lui — je retourne cette pensée en tous sens, j'en épuise toutes les formules, je la contemple avec enivrement sous toutes ses faces. Quelquefois, à force de me la répéter, il me semble que je ne la sens plus aussi intimement, aussi clairement — alors, je cherche, pour réveiller mon cœur, à la reproduire avec d'autres paroles — et quand j'ai pu la faire redescendre dans mon âme, j'éprouve une sensation de joie profonde et inexprimable.

Il a fait aujourd'hui une charmante journée

J'ai commencé la journée par prier Dieu; je l'ai prié pour toi — pour nous — puis j'ai donné à manger à mes poules et à mes pigeons. J'ai déjeuné, puis j'ai fait ma toilette et je suis allée à la messe avec ma mère. Là, j'ai encore demandé à Dieu la réalisation de nos projets et de nos espérances. Le prêtre a annoncé le prochain mariage de Nicéphore Yvelin avec Euphémie Quesnel. — Je pensai au jour où le prêtre prononcera nos deux noms : — Isoline Séminel et Clovis Gosselin — et je me retirai de l'église très-attendrie et restai rêveuse tout le reste du jour.

En rentrant, je suis allée dans le jardin que tu as planté pour moi — le muguet est en fleurs — j'ai songé qu'il n'y a pas de fleurs là où tu es — j'ai contemplé nos beaux pommiers tout chargés de fleurs blanches et roses, et j'ai été attristée de ce que tu ne partageais pas la douce joie que j'éprouvais.

J'ai mis dans un livre pour la dessécher une fleur de muguet que j'ai cueillie pour toi ; quand elle sera sèche, je la collerai sur cette page où je laisse une place exprès. La nuit venue, j'ai un peu lu, puis je t'écris ces lignes.

Je te dis bonsoir comme si tu étais là — je vais maintenant faire ma prière et me coucher — peut-être rêverai-je de toi.

Lundi, 2 mai.

J'ai filé toute la journée — ma mère m'a reproché d'être devenue sérieuse et de ne plus parler — elle croit que j'ai quelque chagrin — elle s'inquiète ; je l'ai rassurée de mon mieux et de bonne foi. En effet, je ne suis pas malheureuse — je t'attends.

— Bonsoir, mon cher Clovis.

Mardi, 3 mai.

— Bonsoir, mon ami — tout dort autour de moi. — Je viens d'ouvrir ma fenêtre... l'air est tout embaumé — les étoiles brillent entre les fleurs des pommiers comme des fleurs de feu.

C'est aujourd'hui pour moi un grand jour de fête — c'est l'anniversaire du jour où tu t'es glissé chez nous pour m'apporter un chardonneret et où tu as pris ma maladie — le même mal a coulé dans nos veines, comme plus tard la même tendresse.

J'ai cueilli une violette pour toi, et je la fais sécher dans mon livre de messe, pour la mettre ici, en souvenir de ce jour et pour que tu voies que j'en ai fêté l'anniversaire ; je suis allée visiter votre cour et votre masure ; j'ai parcouru tous les endroits où tu as laissé des traces.

Mercredi, 4 mai.

Mon chardonneret est mort aujourd'hui presque subitement ; il faut dire cependant qu'il mangeait difficilement depuis quelque temps, et que son plumage était terne. Ma mère dit qu'il était très-vieux et qu'il est mort parce qu'on ne vit pas toujours — il a toujours été bien soigné et n'a jamais manqué d'eau, ni de graines, ni de seneçon — je l'ai enterré en pleurant au pied d'un églantier que tu as planté dans mon jardin, et dont les épines t'avaient si cruellement déchiré les mains.

J'ai gardé et je colle sur cette page une des plumes jaunes de ses ailes :

Cette mort m'a attristée toute la journée. — Bonsoir !

Jeudi, 5 mai.

Maître Généreux-Hérambert, qui est libre aujourd'hui, m'est venu voir. Il m'a donné de tes nouvelles. Il craint que tu ne m'oublies là-bas — mais je l'ai rassuré. Il regrette le parti que tu as pris, mais il ne t'en parle pas, me dit-il, dans ses lettres. Il m'a fait extrêmement l'éloge de ton bon cœur et de ta tendresse pour ta mère. Il m'a parlé aussi de ton intelligence. J'étais heureuse et si fière de ces éloges de toi, que j'en ai été modeste et que j'en ai rougi comme s'ils m'appartenaient. Il t'écrira ces jours-ci et te dira que je me porte bien. Il m'a demandé s'il fallait dire que je t'aime ; je lui ai répondu que c'est inutile, que tu le sais bien : s'il fallait te recommander de penser à moi ; j'ai répondu encore que ce n'est pas nécessaire, que je sais bien que tu penses à moi.

C'était hier la fête de Sainte-Anne — toutes les filles dansaient ; j'ai été à la messe et je me suis ensuite arrêtée pour dire bonjour à celles des filles que je connais. Elles n'étaient occupées qu'à faire des récits, des potins et des ramages les unes sur les autres. — Cependant, chacune a un amoureux qu'elle prétend aimer.

Ce n'est pas ainsi que j'aime Clovis — il s'exhale sans cesse de mon cœur comme un parfum de tendresse, qui remplit tout mon être et se répand au dehors.

On nous a parlé à l'église des cinq pains et des deux poissons qui nourrirent tant d'hommes au désert, et des miettes desquelles on remplit encore beaucoup de paniers. — Eh bien ! c'est une parabole qui exprime bien, à mon sens, mon amour pour Clovis, cet amour qui remplit ma vie, il tombe partout des miettes pour tout ce qui m'entoure, pour tout ce qui est — je me sens affectueuse et indulgente pour tous et pour tout — je me sens si heureuse, si riche de joie, que je voudrais faire à tout le monde des aumônes de bonheur.

Ne voyant dans ma vie que du bonheur, j'emploie ma sensibilité pour les autres, je souffre de leurs douleurs, je m'afflige de leurs chagrins; la femme qui souffre, l'enfant abandonné, la mouche prise dans la toile d'araignée, la plante qui a soif et se fane — tout me touche; j'aime tout, je veux tout soulager, tout rendre heureux, voir quelqu'un malheureux, ça me gêne, ça me contrarie, ça m'irrite presque — comme une fausse note dans un concert.

O amour, présent céleste — soleil intérieur et fécond, qui dore et féconde la pensée comme l'autre soleil dore et mûrit les moissons; amour, vie de l'âme, source de toutes les joies, de toutes les vertus, de toutes les forces.

Hier, quand ma mère m'a eu parlé de ***, elle m'a dit : — Il m'a chargée de te donner ce bouquet — il te prie de le porter tantôt à la messe si tu agrées sa recherche.

Et elle recommença l'éloge de ***, et sur les avantages de ce mariage.

— Non, ma mère, je suis fiancée, je suis mariée, et — si ce n'était par respect pour vous, je ne vous aurais pas laissée finir la première phrase d'une proposition qui m'inspire de l'horreur comme une proposition d'adultère.

Elle parla encore longtemps — puis elle voulut mettre le bouquet dans ma chambre — je refusai — elle le mit dans la sienne. — Ce matin, il était fané — elle le jeta dans la cour.

La vue de ce bouquet, même fané, même jeté, m'importunait — je le pris et allai le jeter dans la mare de Fidelin Poumel, loin de notre cour.

Vendredi, 6 mai.

Il a fait aujourd'hui un horrible orage — le

tonnerre grondait sur le village — les éclairs éclataient entre les arbres — j'ai eu peur — mon Dieu! si j'allais mourir loin de toi! Je me suis mise à genoux et j'ai prié avec ferveur. — Il a fini par pleuvoir par torrents — une légère brise a nettoyé le ciel qui est redevenu bleu et net à la fin du jour — et les fauvettes se sont remises à chanter dans les arbres — en ce moment l'herbe sent bon — et le rossignol fait entendre sa magnifique voix dans la nuit.

Bonsoir.

Samedi, 7 mai.

Bonsoir, mon cher Clovis — j'ai été un peu malade aujourd'hui — c'est, je pense, la suite de la terreur que m'a causée l'orage d'hier — ma mère m'a tendrement soignée — maître Hérambert est venu savoir de mes nouvelles. Ce soir je vais tout à fait bien — je remercie Dieu et je le prie pour toi et pour moi.

Dimanche, 8 mai.

C'est ma fête aujourd'hui — c'est-à-dire mon jour de naissance. Je suis allée me faire un bouquet de fleurs qui t'appartiennent ; j'ai pris dans votre haie de l'aubépine et des roses sauvages, je les ai gardées tout le jour — et au moment où je t'écris — je les ai devant moi dans de l'eau fraîche que j'ai puisée à votre fontaine.

Je vais essayer de dessécher une églantine pour la mettre ici — mais je crois que ça sera difficile — en tout cas j'y mettrai au moins une de ses feuilles.

Lundi, 9 mai.

J'ai filé tout le jour. — J'ai un peu lu le soir.

Je voudrais bien savoir les livres que tu lis pour les lire en même temps que toi. — Mais maître Hérambert me dit que je n'en comprendrais pas un mot.

Bonsoir.

Mardi, 10 mai.

Tu sais bien, ce rossignol que j'avais entendu l'autre nuit. — Eh bien! sais-tu où est son nid? Dans le pied de la haie d'épines qui sépare nos deux cours. Ce nid est fait de feuilles de chêne sèches. J'en mets une ici. Il y a dedans cinq œufs de couleur de bronze. Je ne retournerai plus de ce côté. J'ai vu tantôt la pauvre mère sur ses œufs. J'apercevais ses grands beaux yeux noirs qui me suivaient avec anxiété. Quel malheur, si elle allait avoir peur et abandonner ses œufs! — J'éviterai d'aller du côté où il est.

Bonsoir, mon cher Clovis.

Jamais Isoline ne manquait un soir à écrire pour Clovis ce qu'elle avait vu, fait, pensé dans la journée.

Il se passa ainsi près d'une année. Clovis écrivait rarement à Hérambert — tantôt il se décourageait — tantôt il hâtait de ses vœux le succès auquel il paraissait parfois tenir autant que sa mère.

Il parlait peu d'Isoline. — Hérambert regardait avec respect la foi inébranlable de la jeune fille, cependant il pensait que Clovis l'avait presque entièrement oubliée — et il frémissait du désespoir qui succéderait à tant de confiance quand arriverait l'instant inévitable du réveil. Cependant il n'osait pas lui dire toute sa pensée.

Vingt fois il fut sur le point d'en écrire à Clovis — mais comme il avait su que deux lettres écrites par lui à son élève avaient été reçues et lues par la veuve Gosselin, il n'avait guères de plaisir à écrire des lettres qui, dans l'incertitude de la personne qui les lirait, devraient être nécessairement vagues et banales.

Il attaquait bien devant Isoline l'amour en général, mais il n'osait pas toucher à son amour à elle.

— En amour, disait-il, il y en a un qui aime et l'autre qui est aimé.

Il n'y a qu'une somme d'amour à dépenser

entre deux amants. Ce que l'un dépense de plus, l'autre le dépense de moins.

L'amour naît de rien et meurt de tout.

On s'aime sans raison, on s'oublie sans motif. — La constance n'est pas une attribution nécessaire de l'amour — quelque beauté surannée — aura transporté cette borne des terres de l'amitié à laquelle elle appartient sur celles de l'amour qui n'y a pas de droits. On ne peut l'arracher, mais on passe par-dessus.

Isoline levait doucement les épaules — ou souriait avec confiance.

La veuve Séminel attaquait quelquefois sa fille sur ce sujet, mais Isoline refusait de répondre et de discuter. — J'attends Clovis, disait-elle.

Un riche fermier du voisinage devint amoureux d'elle et la demanda à sa mère comme on l'a lu dans ses notes pour Clovis. — C'était une fortune si inespérée que la veuve Séminel ne douta pas un instant que sa fille n'en fût éblouie comme elle et ne se hâtât d'accepter; — mais Isoline résista aux prières, aux menaces, aux reproches.

Seulement, comme sa mère lui avait, dans sa colère, reproché de la condamner à vivre pauvre, quand elle aurait pu, en acceptant le mari que la Providence lui envoyait, la faire vivre dans l'aisance — elle qui avait tant travaillé pour elle — de ce jour Isoline travailla deux heures de plus par jour pour apporter un peu plus d'argent dans la maison; puis elle augmenta encore la simplicité de ses vêtements — et refusa obstinément des hardes neuves que sa mère voulait lui donner.

— Ma mère, lui dit-elle, je te supplie de ne pas prendre ma conduite pour de la rancune ni de la mutinerie; j'ai réfléchi en effet que je me laissais parfois entraîner à des rubans de telle ou telle couleur; — pourquoi faire me parer — à présent — je m'occuperai de mes parures plus tard..... nous n'y sommes pas encore.

Je ne puis te donner l'aisance que tu avais espérée de mon mariage avec le fermier — je dois au moins augmenter un peu mon travail et diminuer le plus possible mes dépenses.

Aussi elle écrivait le soir ce qu'elle avait fait

sur son album, et elle finissait ainsi en s'adressant toujours à Clovis : — Je suis sûre que tu es de mon avis et que tu m'approuveras quand tu liras ces lignes.

CHAPITRE VIII.

Mademoiselle Euphémie Bourgoin et ses nièces.

Les deux cabinets qu'occupaient Clovis et sa mère ne représentaient qu'un loyer bien mince, et mademoiselle Euphémie Bourgoin, propriétaire, avait coutume de dire que le loyer de ces braves gens du cinquième payait à peu près chaque année le mémoire de son perroquet chez le confiseur — elle avait, en effet, un très-beau ara qu'elle aimait avec cette tendresse dont sont seules capables les vierges découragées — cependant l'extrême ponctualité avec laquelle la veuve Gosselin payait son loyer l'avait classée sinon dans les locataires précieux, du moins dans les locataires honorables. Quelques menus ouvrages que mademoiselle Bourgoin lui avait confiés, et dont elle s'était acquittée avec intelligence et avec soin, lui avaient donné graduellement entrée dans la maison. Il faut dire que depuis passablement d'années déjà la veuve Gosselin ne manquait aucune occasion de se glisser chez les gens riches.

En se frottant aux gueux, disait-elle, ou on y laisse le peu qu'on a — ou on n'y attrape rien — ou on y gagne des puces — tandis qu'en se frottant aux gens riches, on y attrape toujours quelque chose de bon.

La veuve Gosselin parlait volontiers de son fils, de ses succès, de ses qualités, de ses connaissances, des espérances qu'il lui faisait concevoir et de son assiduité au travail.

La vieille demoiselle s'intéressa à ce jeune homme, si sage, si rangé, si studieux. C'était un enfant auprès d'elle; Clovis avait vingt ans et elle en avait quarante. Elle s'informait de lui, et lui fit même, par l'entremise de sa mère, quelques présents sans valeur, mais qui n'en arrivaient pas moins fort utilement.

Au premier jour de l'an, mademoiselle Euphémie dit à la veuve Gosselin : — Tenez, madame, voici une cravate pour votre fils ; je n'oserais pas la lui offrir : c'est donc à vous que je la donne. — Pour vous, voici une tabatière et du tabac. — La tabatière valait bien vingt-cinq sous, mais à peine la veuve eut-elle humé quelques prises, qu'elle découvrit deux louis d'or cachés sous le tabac : c'était le loyer de six mois qui revenait ainsi à la veuve Gosselin et à son fils. Jamais ils n'avaient été si riches.

Mademoiselle Euphémie Bourgoin était la fille d'un homme honnête et honorable qui était mort jeune en la laissant sous la tutelle de son fils aîné. Celui-ci, avide et avare, n'avait qu'une pensée : s'enrichir — jamais il ne perdait cette pensée de vue. — Etait-il à la chasse, au moment où ses chiens faisaient lever un lièvre, si on eût pu lire dans sa tête, on l'aurait surpris à calculer les moyens de rompre le bail de son fermier pour louer la ferme plus avantageusement à un autre.

— Un jour, après un bon dîner — en ville — il se vanta à un de ses amis de n'avoir jamais parlé dix minutes avec un homme sans avoir considéré quel avantage matériel on pouvait tirer de sa connaissance. Une fois la chose établie, il considérait cet homme comme son débiteur de la somme qu'il avait pensé pouvoir lui gagner — et il disait de lui : — Un tel me doit tant.

On comprend facilement qu'il classa promptement sa jeune sœur parmi les débiteurs de ce genre — et qu'il la porta sur ses livres comme lui devant sa dot et sa succession. Il avait donc décidé avec lui-même que sa sœur Euphémie ne serait jamais exposée au danger d'être mal mariée — d'avoir un époux inconstant, brutal, joueur ou prodigue — et que le meilleur moyen pour accomplir les vœux de sa sollicitude fraternelle était qu'elle restât fille. Il lui affirmait sans cesse que son vœu le plus cher était de la bien marier, et il parlait même des charmants petits neveux qui lui reviendraient de cette union souhaitée.

Il avait eu soin de se retirer avec elle à la

campagne, en feignant des goûts champêtres qui n'avaient pour but que de tenir sa sœur à l'abri des traits de l'Amour, et surtout des chaînes de l'hymen, comme on disait autrefois.

Il était sans cesse à l'affût d'un regard, d'un soupir; jamais amant ou époux jaloux n'entoura la demeure de sa maîtresse ou de sa femme de tant de défiances et de précautions; il trouvait toujours moyen de couper court aux entreprises des téméraires qu'il soupçonnait capables de quelques desseins sur le cœur et sur la main de sa sœur — pour laquelle il avait, *in petto*, fait vœu de virginité.

Cependant, loin de détourner ses idées de mariage, il était le premier à en parler. Je voudrais bien te voir mariée, ma chère Euphémie — mais j'entends bien mariée. — Mais sois tranquille, je connais messieurs les hommes et leurs artifices, tandis que toi, ta naïveté et ton bon cœur te feraient tomber dans les rets de quelque intrigant qui feindrait un amour bien justifié par tes charmes, mais qu'il porterait en réalité à ta fortune — ou bien tu prendrais au sérieux le caractère qu'on te ferait voir, sans pouvoir discerner celui qu'on a ; mais je suis là — j'ai vécu dans le monde — et j'ai une pierre de touche ; — je ne laisserai arriver à toi qu'un amoureux dûment *essayé* et reconnu au titre.

Quelquefois il disait : Ah ça ! on ne se marie plus — voici que j'ai en garde — et Dieu sait que je voudrais en être quitte — une fille jeune, belle et riche. — Eh bien ! les épouseurs ne se présentent pas.

Ou bien il savait trouver des vices ou des ridicules aux prétendants qui se présentaient. — Au besoin, il savait orner un peu la vérité, et de faux renseignements, des lettres anonymes qu'il recevait venaient lui donner la triste conviction que cet homme, si agréable et paraissant réunir toutes les conditions désirables pour un mari, était parfaitement indigne d'une aussi charmante et aussi excellente personne qu'Euphémie.

La vanité d'Euphémie, incessamment excitée par son frère, les impressions fausses qu'il lui donnait habilement contre les hommes qu'il jugeait dangereux, fit si bien, qu'Euphémie, après avoir refusé cinq ou six partis qui lui convenaient sous tous les rapports, arriva à trente-huit ans vierge et martyre. Mais son frère ne jouit pas longtemps du fruit de ses ruses — une maladie l'emporta en quinze jours — et ce fut lui qui laissa un héritage à sa sœur.

Quand Euphémie eut fini son deuil, elle resta encore quelque temps à la campagne — puis elle s'y ennuya. — Son frère l'avait tenue tellement en dehors de toutes relations, qu'elle ne connaissait personne.

Elle tint bon un an, puis vint demeurer à Paris ; mais elle n'y connaissait également personne. Elle se trouva tellement seule, qu'elle se rappela une parente éloignée — une nièce qu'elle appela auprès d'elle. — La famille de cette nièce s'empressa d'obtempérer au désir de la riche demoiselle. Elle ne parlait pas de son héritage parce qu'elle espérait bien se marier — et que c'était au contraire pour voir le monde qu'elle voulait avoir une parente avec elle — mais elle devait prendre soin de sa nièce et *la marier*, c'est-à-dire la doter.

Euphémie ouvrit donc sa maison et alla dans le monde — mais il y avait dans son caractère quelque chose d'étrange et d'assez voisin du ridicule. Euphémie, grâce aux artifices de son frère, avait vu toute sa jeunesse enfouie dans la solitude. Semblable à la Belle au bois dormant qui se réveille à cent dix-huit ans avec la jeunesse, la fraîcheur et la beauté d'une fille de dix-huit ans, elle porta à son début dans le monde une jeunesse intérieure qui n'était pas dans un accord complet avec les grâces mûres de son visage.

Elle commençait à vivre à quarante ans. — Les hommes de quarante-cinq à cinquante ans, c'est-à-dire relativement du même âge qu'elle, lui paraissaient des vieillards. C'est une chose fort singulière que l'horreur qu'ont instinctivement les femmes jeunes ou vieilles pour la vieillesse. — Il n'est pas de mot qu'elles prononcent avec plus de mépris et de dégoût que le mot *vieux*. Prenez une fille de seize ans — prenez une femme de cinquante ans — vous pouvez être sûr d'avance que si elle veut témoigner de la répugnance ou un dédain mêlé de haine contre quelqu'un ou contre quelque chose — elle lui accolera l'épithète de *vieux* — que ce soit un homme ou un chapeau. Si même, d'aventure, elle sent le besoin de donner à l'objet de son antipathie plusieurs épithètes, on peut compter que celle de *vieux* sera placée la dernière comme la plus forte. Quelque dur que soit un adjectif, *vieux* en est toujours le superlatif.

Euphémie avait été belle — mais au lieu de porter résolument un reste de beauté austère — voulant mettre la jeunesse qui n'était plus sur son visage en harmonie avec celle qu'elle se sentait dans le cœur, elle défigurait ses attraits adultes de telle façon, que le reste de beauté qu'elle avait ne servait qu'à la rendre ridicule.

Il arriva bientôt ce qui arrive en pareil cas — l'insuccès de ses efforts ne lui inspira pas la pensée de ne plus en faire; elle pensa, au contraire, qu'il fallait les augmenter — et elle exagéra encore ses toilettes et ses façons de bachelette.

Sa nièce, jeune, jolie, simple, naïve, toucha le cœur d'un homme de la société d'Euphémie.
— On crut en ce temps-là qu'elle-même avait jeté un regard favorable sur le jeune homme, et qu'elle avait pris longtemps pour son propre compte les assiduités du prétendant.

Quand il se prononça, elle s'opposa de toutes ses forces à ce mariage; elle voulut persuader à sa nièce que ce mariage ne lui convenait pas. Elle dit toute sorte de mal du jeune homme — et pour lui rendre justice, il faut dire qu'elle ne mentait pas, et qu'elle pensait bien franchement ce qu'elle disait : une chose dont surtout elle était bien convaincue, c'est qu'il avait fort mauvais goût.

La jeune nièce n'avait pas à l'égard de sa tante la crédulité que celle-ci avait eue pour son frère. Elle accepta les propositions qu'on lui faisait; la tante annonça qu'elle ne donnerait pas de dot, ce qui n'eut pour résultat que de montrer évidemment à la jeune fille qu'elle était réellement aimée, puisque son amant n'y daigna pas faire attention et l'épousa avec sa seule beauté.

Euphémie n'était pas née méchante, mais ce désappointement qui venait couronner tant de désappointements l'exaspéra au plus haut degré. C'est avec le meilleur vin qu'on fait le plus fort vinaigre — dit je ne sais quel proverbe.

Euphémie déclara sa nièce *une ingrate* — elle voulut rester seule — mais sa position était ainsi gênante et peu convenable, surtout à ses propres yeux à elle, qui se sentait et se croyait jeune.

Elle chercha dans sa famille quelque vieille parente, mais celle à qui elle s'adressa ne voulut pas quitter sa maison. — En effet, il n'y avait qu'une jeune fille qui pût s'exposer à cette sorte de servitude dans le double espoir d'un héritage ou d'une dot — ce à quoi n'aurait pas prétendu une femme plus âgée qu'Euphémie.

Elle se résigna à prendre encore une jeune personne — mais celle-ci eut une existence insupportable. — Euphémie se vengea sur elle de l'*ingratitude* de celle qui l'avait précédée.

D'abord elle exigea que cette seconde nièce

l'appelât ma cousine — le nom de tante lui paraissant peu séant et *vieux*. — Cette jeune fille avait une jolie voix, elle l'empêcha de chanter — son extrême irritabilité lui rendant les émotions de la musique douloureuses à un degré dangereux.

Elle lui défendit de porter du rose — se réservant cette couleur à elle-même.

Cependant, à chaque nouveau chapeau ou bonnet qu'Euphémie commandait à sa marchande de modes, elle annonçait que ce seraient ses *derniers* rubans roses.

C'était même devenu dans la société une source de plaisanteries — les paris s'ouvraient sur la couleur qui succéderait au rose, mais les parieurs désappointés voyaient le rose seul succéder au rose — et ils se vengeaient en prétendant qu'Euphémie hissait les rubans roses comme un navire en péril hisse son pavillon de détresse pour demander du secours.

Tout doucement, Euphémie, qu'on ne faisait plus danser — s'approcha des tables de wisht — puis elle joua, puis elle fit jouer chez elle.

9

— La nièce fut forcée d'apprendre le wisht pour faire un quatrième dans l'occasion — la pauvre enfant était dans l'âge où l'on pense volontiers à autre chose qu'au wisht; si quelque distraction lui faisait faire une faute, Euphémie la reprenait avec aigreur en expliquant clairement qu'on n'avait pas le droit d'être distrait au jeu, quand on n'y peut perdre que l'argent d'autrui.

Pendant deux ans qu'elle garda cette nièce avec elle, l'austère pudeur de la tante réussit à cacher à tous les yeux de très-belles épaules que la nature avait jointes aux jolis yeux de la pauvre nièce pour lui faire une dot.

La nature avait bien fait, car celle-ci se maria encore — et la tante désapprouva encore trop le mariage pour lui donner la dot promise.

Il est vrai qu'elle épousa un homme qui avait deux fois son âge, et que sa tante la plaignit avec l'insistance la plus désobligeante. — De ce moment le perroquet régna sans partage sur l'esprit et dans la maison d'Euphémie Bourgoin

— quelquefois cependant elle parlait d'une dernière *nièce* — mot qu'elle prononçait *cousine* — qu'elle aurait encore la faiblesse peut-être de prendre quelque jour avec elle, malgré l'ingratitude dont les deux autres avaient payé ses bienfaits.

Ingrates filles en effet — qui avaient sans honte et — je le crains — sans remords, commis le crime d'être jeunes, jolies, naïves — de plaire et de se faire épouser !

Voilà donc la situation d'esprit dans laquelle était la propriétaire, lorsque la veuve Gosselin se glissa chez mademoiselle Euphémie Bourgoin. La mère de Clovis saisissait toutes les occasions de rendre quelques services à la demoiselle, et son crédit commença à s'établir dans la maison. — On invita la mère et le fils à dîner ; puis bientôt ils y dînèrent tous les dimanches.

Euphémie était une fille sensible par excellence ; elle avait toujours dans les mains une tragédie ou un roman qu'elle lisait avec une onctueuse avidité, et dont les pages avaient besoin d'être séchées avant qu'on pût rendre le livre au libraire, tant elle les avait arrosées de ses larmes.

Elle aimait — elle adorait le héros — elle prenait à l'héroïne un intérêt sans égal — la pensée seule d'un amour traversé la mettait au désespoir. — Pauvre fille qui n'avait pas même un amour traversé !

Pendant tout le temps que durait la lecture, elle s'inquiétait de ce qui allait arriver à son héros. Comment sortira-t-il de tant de dangers ? triomphera-t-il des embûches de ses ennemis ? — Que sa douleur est touchante, que sa constance est noble ! Et Euphémie pleurait à chaudes larmes.

Mais tout porte à croire que, si le héros dont les malheurs la faisaient pleurer si amèrement eût paru tout à coup devant elle et lui eût dit : — Ces malheurs qui te touchent si fort — tu peux les arrêter en me donnant un louis — tout porte à croire qu'on aurait vu aussitôt ses larmes se tarir, sa sympathie s'arrêter ; son front, son cœur et sa bourse se froncer en même temps.

Ce n'est pas cependant que sa pitié et sa disposition à la tendresse fussent une affectation et un rôle joué — mais — écrivons le mot, quelque laid qu'il soit, c'est qu'Euphémie Bourgoin était avare ! Toute sa vie on lui avait fait peur des dangers que courait sa fortune ; — son frère avait été fort intéressé à augmenter cette défiance.

Une circonstance qui se présenta devant Clovis donna à la fois la preuve et de sa sensibilité et de son avarice.

Un ecclésiastique de sa connaissance vint la voir et lui raconta comment une série d'événements contraires venaient de plonger dans la plus horrible détresse une famille du voisinage dont la probité était notoire : — le père obligé, pour ne pas faire faillite, de livrer à ses créanciers tout ce qu'il possédait et d'abandonner un commerce qui composait toutes leurs ressources — la mère malade au lit, sans soins et sans médicaments.

A mesure que le prêtre racontait — la sensibilité d'Euphémie s'excita au plus haut degré.

— Ah ! madame, c'est à fendre le cœur. — Le père ne dit rien — il est auprès du lit de sa femme — muet. — Quelquefois un sourire amer et ironique passe sur ses lèvres, on voit qu'il se dit : — Est-ce là la récompense de mes vertus et de ma probité ? et qu'il ose douter de la Providence. La mère dissimule ses souffrances et lui dit : — Ne vous affligez pas, mon ami, c'est de moi que le ciel a le plus de pitié, puisque Dieu va m'appeler à lui.

Les filles pleurent en s'embrassant, et en disant : Mon Dieu, mon Dieu, ayez pitié de nous !

A ces mots, Euphémie éclata en sanglots, elle voulut parler, mais son émotion était telle, qu'elle put à peine émettre un gémissement et que ses larmes coulèrent en abondance.

— Oh ! s'écria le prêtre, noble et beau sentiment que la pitié — larmes précieuses aux yeux de Dieu — mais, ces pauvres gens vous les connaissez bien, mademoiselle : c'est ce petit mercier qui demeure au coin de votre rue, en face de l'épicier.

— Si je les connais ! s'écria Euphémie,

mais je n'en connais pas d'autres. Ils sont d'une probité reconnue par tout le monde. Si je les connais ! mais j'ai acheté cent fois chez eux. Le mari a une figure respectable — la femme est simple et obligeante — il y a une des deux filles qui a de charmants cheveux bruns — et toutes deux sont fort agréables.

Comment ! c'est à ces pauvres gens qu'il arrive un si grand malheur.

— Hélas ! oui, mademoiselle.

— En effet, il me semble me rappeler que la dernière fois que je suis entrée dans leur boutique, ils avaient l'air tristes. Et il n'y a pas de ressources dans leur situation ?

— Si la mère meurt, je suis bien porté à craindre que le père n'attente à ses jours.

— Oh ! mon Dieu ! que me dites-vous là, monsieur l'abbé ?

Et Euphémie redoubla ses larmes.

Heureusement — ajouta le prêtre — qu'il est quelques cœurs comme le vôtre et que les voisins ont résolu non-seulement de venir au secours de cette pauvre famille dans ses besoins les plus pressants, mais encore de la tirer tout à fait de peine. On a ouvert une souscription de dix francs par personne au moyen de laquelle chaque voisin donnant d'abord sa cotisation et s'occupant ensuite activement de faire souscrire ses connaissances, nous ne tarderons pas beaucoup à réunir une somme importante.

Au mot de souscription — les larmes d'Euphémie s'étaient séchées sur ses joues comme si un vent froid eût passé sur son visage. — Ce visage devint hagard et défiant.

Euphémie balbutia et enfin dit d'une voix presque tremblante :

— Est-on bien sûr que ce ne soit pas par sa faute que notre voisin est tombé dans de mauvaises affaires? Ces gens-là ne dépensaient-ils pas plus qu'il n'était nécessaire dans leur classe et dans leur position?

Il me semble me rappeler que les filles étaient un peu coquettes.

— Au contraire, mademoiselle, elles étaient citées pour leur simplicité et leur sagesse.

— Je suis pourtant sûre d'avoir vu l'aînée avec des bonnets très-élégants. Je m'en rappelle un surtout avec des rubans roses.

— Il fallait, pour tenir une boutique de mercerie qu'elles eussent une mise convenable, et d'ailleurs elles faisaient tout elles-mêmes.

— C'est que, voyez-vous, on est obligé de tant se défier dans une ville comme Paris. Il y a tant d'impostures et de fourberies; les moyens de surprendre et de prendre l'argent des gens sont si variés et si perfectionnés...

— Cette fois, mademoiselle, vous n'avez pas à redouter un piége dans lequel je conçois que votre générosité a dû vous faire tomber plus d'une fois.

— C'est vrai, monsieur l'abbé, aussi à force de donner, je me suis à moitié ruinée, et quand on ne connaît pas les gens...

— Mais, mademoiselle, ne venez-vous pas de nous dire que cette pauvre famille avait l'honneur d'être connue de vous?

— Je la connais de vue, comme je connais naturellement tout le quartier, j'y habite depuis fort longtemps. Je suis entrée peut-être une fois, peut-être deux fois dans leur boutique, mais, comme on entre dans une boutique, sans faire grande attention aux gens.

— Mais vous les avez vus?

— Oui, je me rappelle, je crois, la figure du père, l'air bourru ; et comme je vous le disais quand j'y suis entrée la dernière fois, ils avaient tous l'air distraits. Beaucoup de femmes à ma place, en voyant aussi peu d'empressement à les servir, se seraient retirées sans rien acheter. Ce n'est pas de cette façon là qu'on attire les chalands; et je ne m'étonne pas s'ils n'ont pas réussi dans un commerce qui exige beaucoup d'affabilité et de complaisance.

Il y a des gens malheureux, c'est trop vrai, mais aussi combien le sont par leur faute et par leur imprudence ! Peu de soins et de prévenances pour les pratiques, d'une part; des dépenses exagérées et des toilettes extravagantes, d'autre part, en voilà plus qu'il n'en faut pour ruiner même des commerçants riches, à bien plus forte raison de petits marchands sans ressource.

Le ressentiment d'Euphémie allait toujours

croissant, et Dieu seul sait où il se serait arrêté, si le prêtre ne s'était levé et n'avait pris congé d'elle, en la priant d'excuser son importunité.

Clovis sortit en même temps que le prêtre, et lui dit sur l'escalier : — Monsieur, je suis un pauvre étudiant ; prenez une petite offrande pour ces pauvres gens ; c'est si peu de chose, que ce n'est pas à eux — mais à moi — que je fais du bien en la leur donnant.

Le prêtre lui serra affectueusement la main et lui dit : — Bien ! jeune homme ; vous savez les paroles du Christ : — « Un verre d'eau donné en mon nom sera récompensé au centuple. »

Pour Mlle Euphémie, elle justifiait son avarice près de la veuve Gosselin en disant : — « Après tout, qui sait comment l'argent qu'on donne ainsi est distribué ? »

CHAPITRE IX.

Comment il faut parfois donner du temps et faire crédit à la Providence.

Un soir, Mlle Euphémie Bourgoin, qui n'avait pas vu les Gosselin depuis quelques jours, dit à sa femme de chambre, en se couchant :

— Que deviennent donc les locataires de Barbeau ?

Barbeau, c'était le nom du ara qui était bleu. — Mlle Euphémie appelait les Gosselin locataires de Barbeau pour continuer la plaisanterie qui consistait à prétendre que le prix du loyer d'Astérie Gosselin et de Clovis servait à payer les mémoires de Barbeau chez le confiseur.

— J'ai eu soin, ajoutait-elle d'ordinaire, quand elle confiait ce détail à quelqu'un, d'assigner à Barbeau ses bonbons sur les plus exacts de nos locataires, car Barbeau n'aime pas à attendre.

La phrase suffisamment expliquée et rendue intelligible pour notre belle lectrice, nous pouvons continuer. — Que deviennent donc les locataires de Barbeau, qu'on ne les voit plus?

— Il paraît que le jeune homme est malade, mademoiselle.

— Est-il possible! s'écria Euphémie — et comment se fait-il que vous ne m'en ayez pas avertie plus tôt? Ces pauvres gens!

Euphémie avait dit ces mots : Ces pauvres gens! avec l'accent de la pitié; mais les mots ne s'étaient pas encore évanouis dans l'air, que son visage s'était assombri, car le son de sa voix disant : Ces pauvres gens! — faisait naturellement naître l'idée de gens qui n'ont pas tout ce qui leur est nécessaire — et auxquels il faudrait peut-être l'offrir.

— Mademoiselle, dit la femme de chambre,

je l'ai appris il n'y a qu'un instant, en allant à la cuisine mettre du feu dans la bassinoire pour bassiner votre lit; c'est la cuisinière qui me l'a dit.

Après tout — se dit à demi-voix Mlle Euphémie, pour calmer sa sensibilité et à la fois rassurer son avarice — il n'est sans doute pas bien malade.

— Quand il tomberait tout à fait, ce pauvre jeune homme, ça ne m'étonnerait pas, mademoiselle, car il est bon qu'un jeune homme travaille, mais il y a des bornes aux forces humaines. — Etre courbé sur des livres quinze heures par jour, n'avoir jamais ni une distraction ni un plaisir, et être nourri, ça fait pitié ! — de la viande une fois par semaine, et quelle viande ! des morceaux de rebut. Sa mère dit qu'elle l'aime, et que c'est pour son bien qu'elle le fait ainsi travailler. Je veux croire qu'elle le pense, mais elle sera bien avancée quand elle l'aura tué, un si aimable jeune homme !

Ce discours de la femme de chambre ne pouvait qu'exciter à la fois les deux sentiments ennemis qui se querellaient dans le cœur d'Euphémie Bourgoin. Elle tâcha de se rassurer elle-même, ou plutôt de calmer son avarice pour se livrer avec un plaisir secret à la sympathique commisération que lui inspirait Clovis.

— Croyez-vous, Célestine? Mais ils dînent ici une fois par semaine.

— C'est un jour heureux pour lui — mademoiselle, que le dimanche — heureux de toutes façons, car outre qu'il a au moins une nourriture digne d'entrer dans l'estomac d'un homme et qu'il boit du vin — il trouve du moins avec qui causer quand il est chez mademoiselle — la mère est si commune et si ignorante, qu'ils ne doivent pas échanger une parole en dix jours — tandis que chez mademoiselle, il peut parler de tout ce qu'il sait — aussi je me plais quelquefois à voir avec quelle avidité il écoute parler mademoiselle.

— Allons donc! Célestine.

— Après ça, mademoiselle, comme il vous regarde en même temps qu'il vous écoute, je ne puis pas répondre que son plaisir lui vienne plus par les oreilles que par les yeux.

— Etes-vous folle, Célestine ?

— Je dis ce que je vois, mademoiselle.

— Je vous défends de prendre avec moi de pareilles libertés — et de me dire des choses aussi... M'a-t-on apporté mon bonnet rose ?

— Oui, mademoiselle.

— C'est le dernier que je mettrai — j'abandonne le rose après ce dernier bonnet — je ne voulais même pas de celui-ci — mais cette dame Leroux est terrible — elle m'enjôle si bien, à l'entendre il me va à ravir — et de telle sorte que si je ne l'avais pas pris, elle voulait le jeter au feu, ne voulant pas qu'une autre de ses clientes eût un bonnet fait pour moi. . .

Tenez, Célestine, prenez celui-ci pour vous et aussi cette robe.

— Ah ! mademoiselle, le bonnet et la robe sont charmants.

— Vous disiez donc que les dîners du dimanche font grand bien à ce pauvre jeune homme.

— A l'estomac d'abord, et....... mais mademoiselle ne veut pas que je dise ce que je vois.

— Je ne veux pas que vous me fassiez des mensonges, Célestine.

— Des mensonges ! est-il possible que mademoiselle n'ait pas remarqué comme monsieur Clovis la regarde ! il est vrai qu'aussitôt que vous tournez les yeux de son côté, il rougit et baisse les siens comme une jeune fille.

— C'est si timide ! Ça n'a jamais vu le monde.

— Je ne le crois pas timide avec tout le monde, mademoiselle ; il a au contraire, d'habitude, le regard très-assuré. Mais il est des sentiments qui rendent timide l'homme le plus fier et le plus présomptueux. Je ne nommerai pas ces sentiments pour ne pas fâcher mademoiselle...

— Vous êtes folle, Célestine. Mais c'est un enfant, et je suis une vieille femme auprès de lui.

— Une vieille femme ! bon Dieu ! C'est impatientant d'entendre des choses comme cela et de ne pouvoir répondre ce qu'on pense à cause du respect. Une vieille femme !... Ce n'est pas à moi qu'il faut dire cela. Moi qui vous déshabille et vous habille tous les jours et qui sais ce que je sais. — Qu'est-ce donc que la jeunesse, si ce n'est la beauté, la fraîcheur, la fermeté, la.....

— Voulez-vous bien vous taire, Célestine? Voyez-vous, quand une femme a passé la trentaine.

— Avez-vous donc passé la trentaine?..... Je le crois, puisque mademoiselle le dit; mais trente ans, c'est le plus bel âge de la femme; les jeunes filles plaisent aux vieillards, mais les gens de bon goût ne regardent pas une femme avant qu'elle n'ait trente ans. C'est alors seulement que sa beauté et son esprit sont ensemble dans tout leur éclat et tout leur épanouissement. Quel âge peut avoir M. Clovis Gosselin, mademoiselle?

— Mais un peu plus de vingt ans.

— Mettez-en hardiment vingt-cinq; et s'il fallait s'en rapporter au témoignage de ses yeux, on pourrait aller plus haut sans être contredit. Ce que c'est qu'un caractère sérieux et une vie laborieuse, et les études perpétuelles, pour donner à un homme un air de maturité!

A voir M. Gosselin pour la première fois, on lui donnerait trente ans.

— Célestine — il faut être bon pour les malheureux — surtout quand ils sont honnêtes comme ces gens-là. Aussitôt qu'il fera jour vous irez de ma part demander des nouvelles du jeune homme et.... — ici la vieille demoiselle hésita — puis enfin elle ajouta : et... sans rien dire, sans avoir l'air... vous regarderez s'il ne manque rien à ces pauvres gens.

Je ne dirai pas les rêves qui voltigèrent toute la nuit autour de la couche virginale d'Euphémie Bourgoin. D'abord personne ne me les a racontés — et ensuite l'historien ne se permet pas d'entrer la nuit dans la chambre d'une demoiselle aussi respectable que Mlle Euphémie Bourgoin.

Comme nous le disions en commençant ce chapitre, il faut croire que la Providence n'a pas toujours beaucoup d'ordre, et que dans ses bienfaits elle se laisse aller à donner trop aux uns, de façon qu'il ne lui reste pas assez pour les autres. Il faut croire aussi que ses revenus de bénédictions sont limités et bornés. C'est pourquoi les gens vertueux sont obligés parfois de lui faire crédit sur sa bonne réputation et de lui donner pour payer quelquefois un temps assez long. Je suis même forcé d'avouer que je lui connais quelques créanciers mécontents qui par moments la traitent de mauvais payeur et font sur son compte toutes sortes de bavardages qu'elle ferait bien d'arrêter en les satisfaisant pour éviter des bruits fâcheux qui pourraient finir par nuire à son crédit. Entre ces créanciers non satisfaits, il est juste de placer Clovis Gosselin.

En effet, c'est le lendemain du jour où le bon prêtre auquel il avait confié sa modeste offrande lui avait annoncé que la volonté divine lui devait à peu près deux cents francs (quarante sous au centuple), qu'il tombait malade; que sa mère, obligée de le soigner, abandonnait au dehors les occupations si nécessaires pour leur bien-être, et qu'en même temps que leurs recettes diminuaient, leurs dépenses se décuplaient par la maladie grave de Clovis.

En effet, le médecin déclara que Clovis avait une fièvre cérébrale : l'excès de travail, comme l'avait dit avec raison Célestine ; — la mauvaise nourriture, le défaut d'exercice avaient graduellement affaibli une excellente constitution. Mlle Euphémie aida les Gosselin, mais les aida mal. Un poëte, dont je tais le nom pour des raisons particulières, a dit :

L'homme, de quelque nom pompeux qu'il se décore,
J'en juge par moi-même — est un triste animal.
On fait très peu de bien — beaucoup de mal — encore
Le peu qu'on fait de bien, on ne le fait que mal.

Elle obligea avec restriction, avec défiance — elle prêta de l'argent et fit faire un billet — je crois bien qu'elle voulait donner cet argent et ne comptait pas le revoir — mais quand on a un vice dominant, on le déguise en quelque vertu — le moins qu'on lui mette, à défaut d'un masque, c'est un faux nez.

L'avarice s'appelle prudence et sage économie. — Dans ces choses faites pour tromper les autres, il arrive le plus souvent qu'on ne trompe que soi-même — mais on se trompe bien — on prend son propre mensonge au sérieux, on y croit fermement et on en arrive à respecter ses vices et à craindre de les perdre et même de les offenser. C'était donc pour complaire à son avarice presque vaincue que mademoiselle Euphémie Bourgoin s'était fait faire par la veuve Gosselin et par son fils un billet de la somme qu'elle leur avait prêtée pour payer le médecin et l'apothicaire.

CHAPITRE X.

La Providence donne quelques à-comptes à l'étudiant Clovis Gosselin.

Cependant Clovis souffrait dans son lit et sa mère le veillait. Après la fièvre cérébrale survint une fièvre d'une autre nature. Le médecin dit : — Cette fièvre n'est pas contagieuse, mais elle est épidémique. J'en ai cinq dans ma clientelle ; et mes confrères en voient aussi beaucoup.

La veuve Gosselin resta fort soucieuse : une épidémie ! — s'écria-t-elle enfin, — et mon fils n'est pas encore médecin ! une épidémie ! — elle ne pouvait donc pas attendre.

Ce qui lui paraissait dur surtout, c'était de payer un médecin. Si mon fils avait été reçu —

disait-elle, au lieu d'avoir à donner de l'argent, c'est lui qui en aurait reçu, au lieu d'être un malheur, cette épidémie eût été une excellente affaire pour nous.

Elle ne pouvait donc pas attendre !

Une épidémie ! mais c'est que c'est excellent — les médecins qui ont leur clientelle faite ne peuvent suffire : alors on a recours au premier venu — et puis une fois entré dans les maisons, un jeune homme, doué, avenant comme est Clovis, savant comme il le sera, reste bien dans quelques-unes.

Une épidémie ! ça répand dans les esprits une terreur salutaire qui restaure un peu le respect que l'on doit à la médécine.

La Providence nous fait tort de cette épidémie-là. — Elle ne pouvait donc pas attendre ?

Pendant ce temps la Providence n'avait pas oublié qu'elle devait quelque chose à Clovis Gosselin — et elle lui amassait un trésor d'amour et de véritable félicité dans le cœur d'Isoline Séminel.

La charmante fille n'avait perdu ni sa profonde tendresse ni son inaltérable confiance.

Elle continuait chaque soir à s'entretenir avec Clovis au moyen de nouveaux cahiers qui avaient succédé au premier.

Chaque soir elle lui racontait sa journée — sans jamais rien lui cacher — sans jamais lui dissimuler, lui déguiser même un sentiment ni une pensée. En lui gardant ce cœur naïf et tendre, je ne crois pas être partial en disant que la Providence payait au moins à Clovis Gosselin un fort à-compte sur ce qu'elle lui devait.

Et je le répète, je parle avec impartialité, je suis un juge que ladite Providence n'a pas pris la peine de corrompre.

CHAPITRE XI.

Un nouveau plan d'Astérie Quertier veuve Gosselin.

La convalescence de Clovis fut longue. Pendant la maladie, les recettes avaient encore diminué. L'élève qui formait presque tout le revenu de la maison Gosselin avait été chercher un autre répétiteur. Le médecin avait recommandé à la veuve Gosselin d'obliger son fils à se ménager sous le rapport de l'étude pendant quelque temps, à faire un peu d'exercice et à prendre quelques distractions. D'autre part, le billet souscrit à Mlle Euphémie Bourgoin devait échoir dans un mois. La veuve Gosselin était trop fine pour prendre au fond ce billet au sérieux ; elle savait bien que Mlle Euphémie ne comptait pas sur le paiement, et, en tous cas, ne l'exigerait pas, du moins pour le moment. Cependant elle tenait singulièrement à le payer à l'échéance, et cela à cause d'un nouveau plan qu'elle avait formé.

Il était venu s'établir dans le quartier un jeune médecin. D'abord Astérie Gosselin le regarda de très-mauvais œil. Il lui semblait qu'il venait lui voler la future clientelle de son fils. Cependant elle vit que le jeune homme avait tendu les appeaux ; il avait mis sur la porte de la rue une plaque de cuivre au-dessous d'une sonnette, avec ces mots : Sonnette du docteur Duplessis.

Puis — au premier étage — sur une double porte en drap vert ornée de baguettes de cuivre — une autre plaque faisait luire aux yeux le nom du nouveau docteur, puis il attendait.

Et la veuve Gosselin, toujours à l'affût des nouvelles — apprit qu'il ne venait personne.

Cet exemple lui donna quelques inquiétudes. Elle se les exorcisa tout haut en se disant : « Bah ! il n'est pas aussi savant que le sera Clovis. » Mais, néanmoins, ce souci se logea au fond de son esprit, et — pour la première fois — elle conçut des doutes.

Depuis longtemps sa confiance avait toujours été en s'accroissant, et elle avait abandonné comme choses mesquines et projets d'une âme vulgaire l'intention de remplacer le docteur Lemonnier et de faire des visites sur un cheval pie. Elle voulait rester à Paris et avoir une voiture. Mais la fâcheuse impression de l'insuccès du jeune médecin établi dans le voisinage la ramena à des idées modérées, et à se souvenir de la paix des champs et des charmes de la patrie. Elle aurait donné toutes ses espérances les plus ambitieuses, en ce moment, pour la clientelle et le cheval pie du docteur Lemonnier; seulement elle se ferait bâtir une maison convenable.

Les inquiétudes qu'elle conçut, le doute qui — comme nous le disions tout à l'heure —

trouva une fente pour se glisser dans son esprit ne contribuèrent pas médiocrement à lui faire accueillir et examiner avec soin un nouveau plan qui se présenta à elle — un moyen plus expéditif d'arriver d'un seul coup au but de ses longs travaux— c'est-à-dire à la fortune — sans passer par de nouvelles épreuves et de cruelles incertitudes.

Elle avait compris le caractère et la position de Mlle Euphémie Bourgoin. — Elle avait vu que cette vierge mûre n'avait renoncé ni à l'amour ni au mariage—et la sympathie que lui faisait éprouver Clovis ne lui lui avait pas échappé.

— Ce serait — se disait Astérie Gosselin, une fortune toute faite, et bien au-dessus de ce que j'ai jamais espéré pour Clovis ; il est vrai qu'il y a une grande différence d'âge, mais Clovis est d'un caractère sérieux, et mademoiselle Euphémie a été très-belle et est bien conservée. Il faut bien faire d'ailleurs quelque chose pour être riche.

Elle en parla à son fils d'abord par allusions détournées, puis plus ouvertement — non pas comme d'un projet, mais comme d'une idée bizarre qui lui passait par la tête.

Clovis fit semblant d'en rire, mais l'idée resta au fond de son esprit. Ce n'était pas en vain qu'Astérie Quertier avait enivré son fils de l'aspect de la fortune. Il avait maintenant besoin d'être riche. Sa maladie repoussait au loin l'accomplissement de ses vœux; et, d'ailleurs, lui aussi avait fait ses observations sur l'installation du jeune docteur Duplessis.

Dans ses confidences à Mlle Euphémie, Astérie Gosselin avait un peu brodé certains détails et exagéré certains faits, pour ne pas avoir l'air de mendiants, elle et son fils, aux yeux de la vieille fille, qu'elle avait comprise avoir facilement peur des gens pauvres.

Elle avait fait de feu Césaire Gosselin un officier de marine, et de la petite masure avec son lot de terre une assez belle propriété engagée aux créanciers de feu son mari pour des dettes faites en temps de guerre.

On était gêné, mais non pauvre; on rentrerait quelque jour dans ses revenus.

Il fallait pour les nouveaux projets de la veuve Gosselin se conserver sur un pied apparent d'égalité avec Euphémie. Pour cela on pouvait lui devoir de l'argent, mais on ne pouvait en accepter à titre de don, de charité, d'aumône. Il fallait donc — dût-on fort la surprendre — payer ponctuellement à l'échéance ce billet sur lequel sans aucun doute elle ne comptait pas beaucoup.

Elle en avait assez longtemps cherché les moyens dans son imagination sans même les entrevoir. Mais en mettant dans sa tête une idée informe, anguleuse, hérissée, à force de la rouler en tous sens, on en use les angles et les épines et on l'arrondit comme la mer arrondit ses galets.

Et puis le hasard vint à son secours.

Dans les projets de l'homme et ses folles visées
La Providence a dû se garder une part ;
C'est ce que le vulgaire appelle le hasard.

Ces trois vers sont du même poëte sus-non nommé.

Le hasard — que l'on invective en le respectant et s'humiliant devant lui — que l'on nie quand il est favorable; — le hasard — qui a fait tant de grands capitaines, de politiques profonds et d'hommes habiles de toutes sortes.

En général — l'homme ne fait pas grand'chose exprès; l'histoire n'est que l'art d'établir d'une façon à peu près plausible la préméditation des tuiles qui tombent sur les peuples.

Le hasard lui fit rencontrer un homme de son pays. Cet homme ne savait pas lire; il était lui-même un livre curieux et intéressant, mais écrit en caractères hiéroglyphiques. Il était marchand de bestiaux en apparence — mais — au fond et en réalité — un usurier habile et intelligent, qui aurait été un financier remarquable sur un plus vaste théâtre, et un homme considéré s'il avait été à même des millions, comme il était à même des pièces de six liards et des écus de trois francs rognés.

Il s'appelait Anthime Verdière. Il faudrait faire un volume entier pour dire les meilleures de ses inventions. Du reste, dans sa petite sphère, on le voyait imaginer et exécuter en petit tout ce qu'exécutaient ses honorables confrères en grand.

Les esprits sont ainsi faits, que l'infamie consiste surtout dans le bas prix pour lequel on s'y expose. C'était du moins ainsi il y a quelques années, à l'époque où se passe notre histoire. Je n'ai pas ouï dire qu'il en soit autrement aujourd'hui — cependant je n'en sais rien, et je prie mes contemporains de ne se point offenser de mes paroles.

Cette rencontre fut pour Astérie Gosselin un trait lumineux qui vint éclairer dans son esprit toutes sortes d'idées confuses et obscures qui l'encombraient. Ils s'ouvrirent tous deux leur âme, c'est-à-dire : échangèrent un certain nombre de mensonges.

Cependant chacun, en regardant mentir l'autre, et persuadé qu'il mentait, apprit ce qu'il avait à savoir.

C'est-à-dire : Astérie Gosselin fut convaincue qu'Anthime Verdière spéculait sur les risques qu'il était censé courir; que les objections qu'il faisait à une affaire ne seraient pas contre l'affaire, mais en faveur de ses bénéfices. Anthime, de son côté, vit que la veuve Gosselin avait besoin d'argent; que c'était une femme énergique; que son fils était en bonne voie, et qu'il y avait une affaire à faire avec eux.

— La loi vous défend de vendre votre masure, dit-il, et elle défend à votre fils de vendre avant vingt-un ans, qu'il n'a pas encore. D'autre part, vous avez des reprises sur la masure, de sorte que vous pourriez mourir de faim dans votre propriété. Vous n'auriez qu'à vous résigner et à mourir, mais mourir propriétaires. La loi vous condamne à être propriétaires à perpétuité. Celui qui vous achèterait pourrait être ruiné si vous étiez de mauvaise foi. Ne criez pas : *O Anthime!* Jamais on ne se croit de mauvaise foi quand on veut voler un prêteur d'argent : on commence par établir à son propre tribunal à soi qu'il est un voleur, après quoi on le dépouille sans scrupule, et on s'accorde à soi-même une estime égale à celle qu'on aurait pour un gendarme ou un commissaire de police.

Je voudrais vous obliger ; mais, je le répète, si vous étiez de mauvaise foi — ou si vous veniez à mourir trop tôt — je serais ruiné : car une vente de ce genre ne met nullement l'acheteur à l'abri qu'après la prescription de trente ans.

Donc c'est impossible.

— Voyons, Anthime, soyez bon garçon, et ne barguignons pas ainsi. — C'est impossible — dites vous ; — ça veut dire que c'est plus cher — n'est-ce pas? — Dites-moi les choses tout rondement ; je suis une pauvre veuve sans éducation, n'entendant finesse à rien.

Voyons — oui ou non — ça peut-il s'arranger?

— Eh bien! oui, vous êtes une bonne diablesse, la Gosseleine, et vous savez ce que parler veut dire. Oui, ça peut se faire ; mais les affaires que je fais, c'est du jeu : plus il y a de mauvaises chances, plus il faut que j'en aie de bonnes en réserve.

Il faudrait voir la masure ; votre fils, avec votre approbation, m'en ferait une vente, dont nous mettrions d'avance la date à l'époque de sa majorité.

Voyez-vous, Gosseleine, les lois, c'est comme le jeu de la marelle — auquel nous avons joué ensemble étant enfants — car vous aimiez les jeux de garçon ; vous étiez comme on dit — très-garçonnière.

Nous faisions un dessin sur la terre : on se mettait à croche-pied — et il fallait conduire un palet avec le pied successivement dans toutes les cases de cette figure. — Quand on avait marché sur une raie on avait perdu.

Il s'agit de se promener et de mener son palet entre les lignes du Code sans en effacer une — on est vertueux riche et considéré.

Il fut convenu entre la Gosseleine et Anthime Verdière que l'on se trouverait à la masure huit jours après et qu'on ferait affaire.

Pour obéir aux prescriptions du médecin, Astérie Gosselin décida qu'elle irait avec son fils, passer quinze jours à Bléville —

elle ne lui cacha pas qu'elle était en marché pour vendre la masure et le petit lot de terre.

On fit des adieux assez magnifiques à mademoiselle Euphémie, on allait dans son pays pour des affaires de famille. Euphémie eut la tristesse des gens qui restent, dans toute séparation.

On partit par un *chaland ;* les chalands sont des bateaux qui descendent lentement la Seine jusqu'à Rouen. — La Gosseleine trouva facilement un commandant de chaland qui avait connu son mari, et qui se fit un vrai plaisir de conduire elle et son fils pour rien — et même de leur donner à dîner à son bord.

CHAPITRE XII.

Le mois de mai.

Pendant longtemps il est un mot que j'ai entendu dire et répéter en Normandie sans le comprendre. — C'est en définitive un des plus beaux pays du monde — à ce propos, il me vient à l'esprit de consigner une chose sérieuse dans ce récit futile — à ce que disent les gens lourds et ennuyeux — c'est le meilleur moyen qu'elle soit lue par un plus grand nombre de personnes.

Au mois de janvier 1848 — il y avait beaucoup de monde dans le salon de V. Hugo —

entre autres A. de Lamartine, qui me fit l'honneur de causer assez longtemps avec moi dans un coin.

— Comment se fait-il — me demanda-t-il — que vous demeuriez en Normandie? Y avez-vous donc quelques grands intérêts?

— Oui, j'y ai un jardin que j'ai planté et le voisinage de la mer...

— C'est que je me suis plusieurs fois demandé déjà ce qui pouvait vous retenir là.

— C'est un admirable pays.

— Oui, un pays riche, comme la Beauce.

— Est-ce que vous n'avez jamais été en Normandie?

— Jamais.

Il est bon de vous dire, madame, — que A. de Lamartine est un grand poëte qui a voyagé dans une partie du monde et qui a visité l'Orient.

— Je m'en doutais bien — dis-je — voulez-vous faire un honneur à la Normandie et à moi?

— Oui.

— Eh bien! au beau temps — j'irai vous

prendre à Rouen et je vous promènerai en Normandie.

— C'est convenu.

Un mois après Louis-Philippe était en fuite et A. de Lamartine, pendant quelque temps, garda à peu près seul du courage en France, et beaucoup de gens espéraient qu'il trahissait le nouvel ordre de choses; mais quand ils virent que ce n'était pas un traître, ils lui retirèrent leur confiance. Il rentra dans la vie privée : d'abord il lui fallut se défendre. On imprimait qu'il avait volé des millions, il prouva qu'il n'avait rien volé; ce fut le dernier coup porté à sa considération. En effet, s'il avait volé trois ou quatre millions on aurait eu l'espoir de lui en sous-voler la moitié, mais il prouva qu'il avait achevé de se ruiner, et il se mit à refaire des livres pour payer ses créanciers et pour vivre. Certains bourgeois rirent beaucoup : Ah! M. A.-de Lamartine qui se remet à faire des livres!

Les gens de bon cœur et de sens, j'en ai ma foi, rencontré deux, et il pourrait bien y en avoir davantage, se demandèrent quelle différence il y avait entre A. de Lamartine refaisant des livres pour vivre après avoir été dictateur et avoir refusé d'être roi de France, et le célèbre Romain que l'on nous a tant fait admirer en thèmes et en versions, qui retourna à sa charrue après avoir été deux fois consul.

C'est tout ce que j'avais à consigner ici à ce sujet. — Si Lamartine a fait des fautes, il sera temps d'en parler quand on lui rendra justice.

Je disais donc qu'il y a un mot que j'avais entendu pendant plusieurs années sans le comprendre.

J'entendais souvent parler de pommiers et de pommes *horribles*. Je me demandais si c'était quelque mauvaise espèce de pommes; mais j'appris que dans presque tous les vergers on plante la moitié de pommiers horribles. Enfin à force d'écouter, de rapprocher, j'ai fini par comprendre : au lieu de prononcer horribles, il faut dire *heuribles*.

12.

Ce sont des pommes qui mûrissent de bonne heure. Il y a passablement de bizarreries dans la langue française comme dans toutes les langues formées, en partie d'alluvions et qui, empruntant des mots de divers côtés, ne peuvent avoir un ensemble et une logique complète.

On dit de *bonne heure* — et on ne dit pas de *mauvaise heure*, pour signifier le contraire — ainsi nous avons les composés *architrave architecte* — *soubassement* — et nous n'avons ni *bassement* — ni *tecte* ni *trave* — on dit *ineffable* — on n'osera pas dire *effable* — *intrépide*, *inépuisable*, *impotent*, *impudent*, *insolent* — et personne ne comprendrait *trépide*, *puisable*, *potent*, *solent* — *nonchalant* veut dire paresseux et *chaland* veut dire acheteur.

A la fin de mai donc, les pommiers heuribles n'avaient plus de fleurs, mais les autres en étaient chargés. Il n'y a rien en cette saison de plus riant qu'une cour normande — sur terre le gazon émaillé de pâquerettes et d'une sorte de boutons d'or vernissés appelés bassinets et de violettes la plupart blanches — au-dessus la tête des pommiers au tronc noir, rugueux, tortueux, encore couverts de la mousse verte de l'hiver — chargée de fleurs blanches et roses.

Sur les maisons, le chaume du côté du nord couvert de mousse comme d'un tapis de velours vert ; le sommet hérissé d'iris au feuillage glauque, aux fleurs violettes ; les arbres pleins d'oiseaux qui chantent et couvent.

La Gosseleine et son fils retrouvèrent donc leur habitation en habits de fête.

Clovis surtout, qui avait été fort malade, sentait toutes les harmonies de la nature avec plus de délicatesse et de ravissements. Il semblait un jeune chevreau échappé de l'étable.

Il brûlait du désir de voir Isoline, car sa pensée était en harmonie avec ces scènes riantes de la nature en fleurs. Mais il l'avait tant négligée, il était sur le point de la mettre si complétement en dehors de sa vie ! il lui avait fait tacitement de si saintes, de si solennelles promesses qu'il avait si vite oubliées, qu'il était si près de trahir à jamais !

Cependant il se dirigea vers la maison de la veuve Séminel. Il ne passa ni par-dessus le fossé, ni par l'ouverture qu'il avait autrefois pratiquée au-dessous de la haie — cela lui rappelait trop cruellement leurs innocentes amours et sa trahison — il entra par la porte de la cour comme eût fait un étranger. — Le chien à la chaîne lui rendit justice et le traita en étranger, car il aboya.

La maison était fermée au loquet. Clovis frappa. Son cœur battait en pensant quelle voix allait lui dire : Entrez.

Mais aucune voix ne se fit entendre.

Clovis ouvrit la porte. La maison était vide. Seulement alors il se rappela que c'était dimanche, et que la veuve Séminel et sa fille étaient à la messe. Il y avait bien longtemps que la Gosseleine et son fils avaient négligé, oublié, presque ces pieuses pratiques, et que le dimanche était devenu pour eux tout simplement un jour comme les autres.

Clovis fut bien soulagé et respira librement en trouvant la maison vide. Il regarda tout ; rien n'était changé ; cent choses rappelaient Isoline et racontaient qu'elle était là il y a quelques instants et qu'elle allait revenir. Sur le dos d'une chaise était un petit mouchoir à carreaux violets et blancs qu'elle mettait d'ordinaire autour de son cou : Clovis le couvrit de baisers et respira avec ivresse la suave odeur de la peau satinée d'Isoline.

Il alla dans le jardin — et retrouva les aubépines, les églantiers, les chèvrefeuilles, plantés par lui, singulièrement grandis. — Les aubépines étalaient leurs fleurs parfumées — on voyait les boutons des églantines. — Il rentra dans la maison — il fureta partout — et trouva dans un tiroir de petits cahiers couverts d'une fine écriture — il en ouvrit un et vit son nom plusieurs fois répété — il lut — et des larmes d'attendrissement montèrent de son cœur à ses yeux.

Une cloche sonna la fin de la messe.

Il emporta un des cahiers et se sauva, mais

cette fois il ne passa pas par la porte dans la crainte de rencontrer la Séminel et sa fille; il sauta par-dessus le fossé, après avoir passé la main sur la tête du chien qui avait fini par le reconnaître — il alla s'enfermer pour lire le précieux cahier.

Puis il sortit pour aller embrasser Généreux Hérambert.

Comme il entrait chez maître Hérambert, celui-ci partait pour aller faire à deux lieues de là un petit voyage indispensable. Ils s'embrassèrent tendrement. — Maître Hérambert lui dit : Je ne puis m'arrêter : viens avec moi, tu seras bien reçu.

Ils se mirent donc en route. Chemin faisant, Clovis Gosselin raconta à Hérambert tout ce qu'il ne lui avait pas appris par ses lettres. Il lui parla d'Isoline.

— Je n'ai à ce sujet qu'un mot à te dire — répondit Hérambert — si tu peux vivre sans elle tu n'es pas digne de l'avoir connue.

— Que me conseillez-vous? demanda Clovis.

— On donne facilement des conseils — dit

Hérambert — ça amuse beaucoup celui qui les donne, et ça n'engage à rien celui qui les reçoit.

— Je n'en ai qu'un à te donner — c'est le seul qu'on suive jamais : — fais ce que tu voudras.

Sérieusement, ta situation n'a pas d'issue par le raisonnement : tu dois obéir, et tu obéiras à ton cœur. Il est — pour le moment — tiré à deux amours. C'est un supplice fort dur : je parle d'Isoline et de ta mère, car je ne te crois pas autrement épris de Mlle Euphémie. Peut-être te dirai-je mon opinion sur tout cela quand ce sera fini, parce que — je te le répète — le raisonnement n'a rien à y faire.

Arrivés à la maison où Hérambert était attendu, on les retint à dîner. On dîne à une heure dans ce pays-là, et on y fait parfois d'étranges dîners. J'en ai vu qui duraient huit heures, et qu'on ne faisait cesser que parce qu'il était temps de souper.

La profusion des mets y est telle, qu'un fermier normand me disait dernièrement : « Il y a une chose à laquelle j'ai souvent pensé : c'est qu'on a peut-être tort — dans les grands dîners

— de servir le gigot après dîner, quand on n'a plus faim. Il faut bien le manger quand il est servi, parce que ce serait faire impolitesse aux gens de la maison, et c'est désagréable. »

Après le dîner, Hérambert fit son affaire. Il s'agissait pour lui de recevoir une petite somme que lui avait léguée le père d'un de ses écoliers.

Clovis avait quitté le pays encore enfant : il n'avait guère, pendant qu'il y était, connu que des gens pauvres; il n'était pas accoutumé à ces repas qui paraissaient apprêtés pour Grand'-Gousier et Gargantua. On avait bu du cidre et du vin, et du café, et du genièvre; il avait la tête un peu lourde en se levant de table ; ils se remirent en route. Hérambert, chemin faisant, raconta à Clovis sa vie d'étudiant. Il avait mené une vie plus douce ou du moins plus gaie que n'avait pu le faire Clovis.

Quand il avait été reçu avocat — il avait en vain attendu des causes — il avait rencontré des obstacles et des dégoûts de toutes sortes — il s'était examiné. — Avait-il réellement besoin d'argent? Non il aimait les livres et les fleurs.

Il avait aimé aussi une jeune fille, ils avaient échangé les plus doux serments de s'attendre, mais elle en avait épousé un autre et elle avait déjà deux enfants. Il vit, en se résumant, qu'il avait peu de besoins, et que ses goûts et ses dégoûts suffisaient pour le rendre riche. Que ce qu'il aimait ne coûtait rien. Que Dieu avait donné libéralement aux pauvres. Qu'il avait les plus belles choses — tandis que des choses chères, il n'en avait que faire.

Il ne demanda de conseil à personne. Il était né Normand, il revint en Normandie en chantant les vieilles chansons du pays — et il se fit maître d'école à Bléville.

— Et vous êtes heureux?

— Oui, mais ce bonheur-là pourrait faire le malheur d'un autre — l'herbe qui nourrit la chèvre laisserait mourir le lion de faim — les pinçons mangent du chènevis — et l'épervier mange des pinçons.

Tout en causant — on arriva à la masure de la veuve Gosselin — il faisait encore grand jour,

13

mais le soleil cependant était descendu à l'horizon.

La veuve Gosselin leur donna du cidre — et ils s'attablèrent en fumant et en buvant sous un pommier en fleurs.

— Tout en causant Clovis s'endormit profondément — Hérambert continua à fumer et à boire tout seul, regardant les rayons obliques du soleil qui rougissaient les fleurs des pommiers.

CHAPITRE XIII.

C'est bien assez que Clovis s'endorme.

Arrêtons-nous un moment pendant que Clovis dort de si bon cœur.

Je trouve l'allure de mon récit un peu lente et empesée. — Je désire m'en apercevoir le premier — ou du moins ne pas m'en apercevoir trop longtemps après mon aimable lectrice. — Je ne suis pas fâché de croire toujours que c'est une femme qui lit mes livres. — Les hommes m'ennuient. Ce n'est pas une raison pour que je le rende aux femmes.

— Nous allons donc chiffonner un peu

cette histoire et la narrer plus sommairement et plus rapidement. Aussi bien m'en voici arrivé à un point où elle manque un peu de vraisemblance.

Pauvres auteurs! si une histoire est très-vraisemblable, on la trouve commune; si elle sort du moule ordinaire, on la trouve invraisemblable.

En racontant plus vite, je n'aurai pas besoin d'expliquer certains événements un peu singuliers et un peu pressés — qui, je l'avoue, m'embarrassent un peu moi-même.

Je continue.

Clovis s'est profondément endormi sous un pommier.

CHAPITRE XIV.

Une voix appelait Clovis à tout rompre. Cette voix était celle d'Astérie Quertier, veuve Gosselin. Clovis n'était pas accoutumé à résister à cette voix. Il se réveilla en sursaut et alla auprès de sa mère. C'était Anthime Verdière qui arrivait. Il avait préparé des papiers timbrés de diverses dimensions qu'il fit signer à Clovis; puis il donna une somme à la Gosseleine, laquelle dit à son fils :

— Allons-nous-en, Clovis il n'y a plus rien à nous ici; mais tout est à nous à Paris, allons le chercher et achever de le conquérir.

Clovis jeta un coup d'œil sur la masure moussue, sur les vieux pommiers, sur le fossé qui séparait la cour de la veuve Séminel, sur la maison d'Isoline — il voulait et ne voulait pas lui dire adieu — puis il se décida à entrer dans la maison ; mais Isoline était partie auprès d'une de ses parentes, et la Séminel pleurait.

Isoline était partie sans avoir vu Clovis — et sans lui dire adieu — il n'y comprit rien.

— Je n'y comprends moi-même pas grand chose. Peut-être cependant ne savait-elle pas qu'il était dans le pays. Cependant, si j'inventais cette histoire — au lieu de la raconter simplement comme je fais — je ne laisserais pas cela ainsi et j'arrangerais l'incident.

Hérambert en voyant partir la veuve Gosselin et son fils avait l'air sévère et mécontent. On retrouva les deux cabinets tristes et sombres comme ils étaient avant d'aller en Normandie — on paya le billet de mademoiselle Euphémie qui en parut d'abord surprise puis enchantée — et, ainsi que l'avait prévu la Gosseleine, en conçut plus d'estime pour ses hôtes et les traita davantage sur un pied d'égalité auquel tendait Astérie Gosselin, non par orgueil, mais parce qu'elle pensait que cela était plus favorable à ses vues, et levait un obstacle que la vieille fille ne manquerait pas de rappeler dans ses conférences avec elle-même au sujet de la secrète envie de réaliser enfin tous ses rêves en épousant Clovis Gosselin — il fallait qu'elle n'eût pas à s'objecter qu'elle se déclassait. — Les Gosselin n'étaient plus des malheureux auxquels elle avait fait la charité — c'étaient des gens momentanément embarrassés auxquels elle avait prêté de l'argent qu'ils lui avaient scrupuleusement rendu à l'époque convenue. en vendant *une propriété*.

Mais il s'était fait dans la maison un changement qui n'étonna pas les Gosselin autant qu'on le pourrait croire. Mademoiselle Euphémie leur avait dit, il y avait longtemps, qu'elle avait encore une nièce qu'elle ferait venir quelque jour, et ils avaient eu parfois des soupçons de la vérité.

Cette nièce était arrivée et n'était autre qu'Isoline. La veuve Gosselin la prit à part, lui fit mille amitiés et lui dit : Si tu aimes Clovis, si tu as gardé pour lui quelque amitié, fais semblant de ne le presque point connaître, du reste ce que je te dis est autant et plus pour toi que pour nous. Mademoiselle Euphémie t'en voudrait.

Elle fit la même recommandation à Clovis, dans l'intérêt surtout d'Isoline, et tous deux se saluèrent comme des gens qui se sont quelquefois rencontrés, mais n'ont eu ensemble aucunes relations suivies ni aucune intimité.

Ceci n'est déjà pas trop vraisemblable, ma charmante lectrice, mais je n'y puis rien faire ; je raconte l'histoire comme je la sais — quand on invente, on sait bien s'arranger pour donner aux choses un air de vraisemblance — mais la vérité n'y fait pas tant de façon — elle ne fait rien pour être crue — ces soins minutieux sont bons pour le mensonge.

L'intimité des Gosselin avec la vieille demoiselle allait toujours se resserrant — surtout depuis que la restitution du billet avait rassuré complétement la demoiselle ; — on passait les soirées ensemble, on dînait plus souvent chez mademoiselle Euphémie ; Clovis avait repris ses cours avec application et retrouvé un élève qu'il appelait son marmiteux disciple à cause que c'était lui qui était chargé de faire bouillir la marmite des Gosselin, et qu'il était tellement stupide qu'il semblait avoir été mis au monde dans le seul but de donner cinquante francs par mois à Clovis — et n'être pas bon à autre chose, comme le seneçon a été fait pour être mangé par les chardonnerets.

La Gosseleine s'était expliquée franchement avec Isoline quand elle avait vu que la jeune fille avait assez d'amour pour renoncer à son amour et possédait un cœur si élevé qu'aucun sacrifice ne pouvait même l'étonner. — Au nom du bonheur de Clovis — elle lui avait fait jurer de renoncer à toute prétention sur lui — elle avait dit à Clovis : — si Mlle Euphémie s'apercevait de votre intimité, elle chasserait Isoline et tu lui ferais perdre une occasion de fortune que tu ne pourras peut-être jamais lui rendre.

Isoline était fort embellie — grande, souple, élancée, ses yeux de velours bleu étaient si doucement pénétrants, que lorsqu'elle relevait ses cils le plus souvent abaissés, il semblait qu'elle tirait un glaive du fourreau.

Quoiqu'ils se trouvassent tous les jours ensemble, ils n'étaient jamais seuls et n'en cherchaient les occasions ni l'un ni l'autre. Isoline voulait accomplir son sacrifice. — Clovis, outre qu'il croyait dangereux pour Isoline de lui montrer des sentiments affectueux — n'était pas bien sûr de ne pas songer parfois à la fortune de la vieille demoiselle, dont sa mère lui avait fait naître l'espérance — le désir et presque le besoin.

Il ne pouvait s'empêcher d'aimer Isoline — et il ne renonçait pas cependant à ses idées de fortune. — Il sentait bien que la lutte de ses sentiments avait quelque chose de honteux qu'il n'était pas désireux d'avoir à expliquer à Mlle Séminel.

Voici comment se passaient les soirées : — la

veuve Gosselin causait avec Mlle Euphémie —
qui regardait volontiers Clovis à la dérobée —
et avait encore fait faire un *dernier* bonnet à
rubans roses.

On lui faisait quelques questions et il répondait. Comme on ne disait rien à Isoline, elle n'ouvrait pas la bouche et paraissait entièrement occupée de quelques raccommodages, car sa place dans la maison n'était pas précisément une sinécure.

Mlle Euphémie était très-attentive pour Clovis, qui avait fini par l'aimer à un certain point. Elle lui faisait l'effet d'une tante, et il la traitait comme telle.

CHAPITRE XV.

Pyrame et Baucis.

Quelquefois le destin, feignant de s'adoucir,
Charme, par des bonbons, notre humaine misère,
Mais ses pralines ont souvent l'amande amère.

S'il arrivait à Clovis, par hasard, d'adresser un mot à Isoline, elle en était embarrassée et répondait par : Oui, monsieur, ou par : Non, monsieur, et restait toute rouge et toute troublée. Sa tante le regardait avec étonnement, ou répondait pour sa nièce. Il semblait qu'il manquât à quelque étiquette en parlant à Isoline. Jamais, du reste, il ne l'avait vue seule depuis son retour. Néanmoins, il était persuadé qu'elle ne manquait ni de cœur ni d'intelligence; et quand il était chez Mlle Bourgoin, il n'était content de ce qu'il avait dit que s'il voyait sourire Isoline. Si elle s'absentait un moment, il attendait, pour parler, qu'elle fût rentrée. Il ne parlait que pour elle, et il s'était tout doucement établi entre eux une sorte de concert. Si Clovis disait quelque chose qui renfermât une pensée ou généreuse, ou un peu fière, Isoline levait doucement les yeux, son regard rencontrait le sien, et rentrait immédiatement sous ses longs cils. La veuve Séminel écrivit à Mlle Euphémie, parce qu'un de ses voisins lui avait demandé Isoline en mariage. Les Gosselin étaient devenus si bien de la famille, qu'on parla de cette affaire devant eux. Clovis sentit au cœur comme une pointe d'acier; mais il aurait presque embrassé Mlle Euphémie.

— Oui — dit-elle — c'est pour un pareil butor que je la garde — avec la dot que je donnerai à Isoline et le quelque peu de figure dont-

14

la nature l'a dotée — je ne veux pas qu'elle épouse un paysan — mais cependant je vais peut-être un peu bien vite. — Le connais-tu, ce Césaire qui te demande en mariage — et serait-ce de ton gré et consentement qu'il ferait la demande?

— On ne m'a parlé de rien, ma tante, reprit Isoline — c'est tout au plus si je me rappelle la figure de Césaire, qui est pourtant notre voisin.

— Es-tu alors si pressée de te marier, que tu veuilles saisir la première occasion?

— Je ne vous quitterai, ma tante, que si vous me renvoyez — je suis bien ici et ne pense pas à changer ma position.

A ce moment les yeux d'Isoline et les yeux de Clovis se rencontrèrent — elle rougit — il se sentit rougir de son côté.

Tant mieux, dit mademoiselle Euphémie — on répondra à monsieur Césaire de chercher autour de lui. — Ce n'est pas, ma chère enfant, que je veuille te garder fille — je compte bien au contraire te marier — mais rien ne presse encore, tu es bien jeune, et nous pouvons attendre une bonne occasion.

Il sembla ce jour-là à Clovis qu'il avait mille choses à dire à Isoline, dont l'idée de la voir à un autre l'avait rendu plus amoureux que jamais. Il chercha une occasion de la rencontrer seule; c'était fort difficile, elle ne sortait jamais. Il réussit une fois; la première fois, il fut ému, troublé et ne put rien trouver à lui dire — sinon qu'il lui demanda trois fois de suite des nouvelles de sa santé — la seconde fois, ils restèrent silencieux tous les deux. — Clovis avait peur du bruit de sa voix, il fut comme délivré quand sa mère rentra, et il s'en alla en disant :

Quel malheur que ma mère soit arrivée !

Il allait tous les matins à l'hôpital, dont il suivait la clinique, puis à quelques cours dans la journée. Il était bien rare qu'il ne vît pas Isoline à la fenêtre en sortant et en entrant. Elle n'y passait cependant pas la journée, et il se flattait qu'elle avait remarqué ses heures et ses habitudes, et que ce n'était pas par hasard qu'il la voyait si régulièrement. Depuis la demande en mariage il s'était opéré en Clovis un grand changement. Quand sa mère lui rappelait les voitures, les chevaux, Véry, l'Opéra, les grandes dames, ce tableau le laissait froid ; mais il se disait tout bas : — Isoline ! et il se sentait animé d'une ardeur invincible, et il se livrait au travail avec une sorte d'emportement.

La Gosseleine lui recommandait sans cesse d'être aimable pour Mlle Euphémie, et de ne pas la négliger, avec des airs très-mystérieux. — Il n'allait pas ailleurs et il ne manquait pas une occasion d'y aller. Il repassait souvent dans son esprit la façon dont elle avait reçu la demande que le laboureur Césaire avait faite de sa nièce. Si ma mère se trompait, disait-il, si, se rendant justice et n'obéissant qu'à son bon cœur, elle me destinait la main d'Isoline ! — Il allait passer ses derniers examens et être reçu docteur — il travaillait jour et nuit. — Quelquefois Mlle Euphémie lui disait : Vous travaillez trop, vous vous fatiguez, vous vous rendez malade ; et Isoline, levant sur lui les yeux, lui adressait un regard plein de reproches.

— Je me reposerai *après*, — disait-il — il me tarde trop d'être docteur, de récompenser ma pauvre mère des soins et des privations de toute sa vie et d'être moi-même indépendant; et il regardait Isoline. Son regard, sans aucun doute, achevait sa pensée, car elle devenait très-rouge.

Cette ardeur fut récompensée — il passa d'une manière brillante ses derniers examens — et il rapporta triomphant à la maison son diplome de docteur — *dignus erat intrare*. — Sa mère l'embrassa en pleurant — Mlle Euphémie l'embrassa sans pleurer. — Isoline pleura sans l'embrasser. — Toute la maison était dans la joie. Mlle Bourgoin donna un dîner de fête. — Il fut décidé que les Gosselin changeraient de logement. Astérie fit quelques observations sur l'incertitude des recettes. La vieille fille répondit qu'au besoin elle attendrait; que Clovis serait un homme de talent; que son travail opiniâtre le mettrait nécessairement au premier rang; qu'il paierait ses loyers quand il gagnerait de l'argent, mais qu'il fallait avant tout être logé décemment : que les clients ne prendraient aucune confiance pour un médecin donnant des consultations dans une chambre mansardée où était son lit. Le second étage de sa maison était vacant. Le dernier locataire avait payé un terme dont il n'avait occupé que la moitié. Il y avait donc déjà un demi-terme qui ne coûtait rien. Astérie consentit pour elle et pour Clovis et accepta la généreuse proposition de Mlle Euphémie. Elle s'arrangea avec un tapissier brocanteur qui fournit un bureau et des fauteuils pour meubler le salon qui devait servir de cabinet à Clovis. Ces meubles, déjà vieux, ne devaient être payés que dans six mois. Les chambres dans lesquelles la clientelle ne devait pas entrer furent meublées comme l'avaient été les deux cabinets. La veuve Gosselin fit graver une plaque de cuivre qu'elle-même vissa triomphalement sur la porte : *Docteur Clovis Gosselin*. C'était beaucoup d'être reçu docteur, mais l'Académie ne donne que le diplome, et ne fournit pas de malades. Clovis attendait dans son cabinet, et il ne venait personne. Il soignait avec un zèle ardent les pauvres du quartier, mais ils ne le payaient pas, et il regrettait d'être aussi pauvre qu'eux, parce qu'il aurait voulu leur donner de l'argent pour acheter les médicaments qu'il leur ordonnait. Un jour, cependant, l'enfant d'un voisin tomba en jouant et se cassa le bras; on alla chercher le médecin habituel. Il était auprès d'une femme en couche et ne pouvait venir. On chercha au hasard dans le quartier. Clovis fut appelé. Pour la première fois il appliquait très-heureusement ses théories; il remit parfaitement le bras de l'enfant. Quand le médecin ordinaire revint, il approuva ce que Clovis avait fait, mais rentra dans ses droits, c'est-à-dire que l'on continua cependant à appeler Clovis dans les accidents de peu d'importance, mais qui cependant demandaient de prompts secours, tels qu'un doigt coupé, une grosse migraine. Il était vice-médecin de la maison. Le titulaire cependant changea de quartier pour se rapprocher d'un hôpital dans lequel il avait obtenu une place, et alors Clovis lui succéda entièrement.

Il y avait déjà cinq mois qu'il était médecin, et cette maison formait toute sa clientelle ; il n'avait pu payer le premier terme de son loyer à Mlle Euphémie. La Gosseleine et lui vivaient plus chichement que jamais, parce qu'il avait fallu depuis faire des habits convenables qu'on ne payait que par à-comptes. Clovis avait fait chez ses clients un assez grand nombre de visites et il s'attendait à recevoir de l'argent ; mais on lui apprit que les pauvres payaient tout de suite, mais qu'on ne demandait jamais aux riches de l'argent qu'à la fin de l'année. La Gosseleine succomba à la privation et aux fatigues ; elle tomba malade ; Mlle Bourgoin demanda à Clovis ce qu'avait sa mère ; il ne pouvait se dissimuler à lui-même l'affreuse vérité. Il ne put répondre, il était suffoqué ; il voulut parler, et il ne sortit de sa bouche que des sanglots. Mlle Bourgoin lui prit la main, l'embrassa, l'encouragea, et il lui avoua que sa mère n'était malade que d'épuisement, que de fatigue. Clovis était désespéré. — Je me suis trompé — disait-il — il faut de l'argent pour être médecin; il faut pouvoir attendre ; je laisse là le diplome ; je suis fort, je gagnerai quarante sous par jour avec mes bras, et au moins je nourrirai ma mère; puis il s'enferma en pleurant dans son cabinet, où il pensait aux déceptions qu'il rencontrait. Il fallait payer la moitié des meubles que sa mère avait achetés pour son cabinet de consultation, et il n'avait pas encore reçu un sou.

Mlle Bourgoin s'enferma avec la Gosseleine : quand elle sortit de sa chambre, elle était fort rouge, fort émue et évita Clovis. Il alla auprès de sa mère : — D'abord, mon cher fils — lui dit-elle — calme-toi et embrasse-moi — je ne manquerai de rien. Mlle Euphémie vient de me prêter cent écus.

— Voilà donc pourquoi, s'écria-t-il, elle m'a évité. — Oh! que j'aille la remercier et embrasser ses genoux !

— Attends un peu que je te dise tout. Pour

aller la remercier, il est bon que tu saches tout ce que tu lui dois. L'avenir que je rêvais pour toi est atteint. La hideuse pauvreté contre laquelle j'ai lutté, je puis le dire, avec courage et persévérance, me fera grâce maintenant que je suis vieille, et c'est à mon fils que je devrai mon bonheur.

— Oh! ma mère, ne vous dois-je pas tout?

— Aimes-tu Mlle Euphémie?

— Si je l'aime! la chère fille, oh oui! je l'aime comme si elle était ma seconde mère.

— Chut! ne t'avise pas de parler ainsi.

— Pourquoi?

— Cette pauvre fille, cette excellente, cette généreuse fille vient de m'ouvrir son cœur : elle était honteuse de l'aveu qu'elle avait à me faire, elle n'est plus précisément jeune.

— Qu'est-ce que cela fait? ma mère.

— Cela ferait quelque chose si tu étais un jeune homme étourdi, léger, comme il y en a tant. Mais tu comprendras qu'un solide et sincère attachement est plus important pour le bonheur de la vie qu'une jeunesse et une beauté qui ne durent guères ; d'ailleurs, Mlle Euphémie a été fort belle.

— Mais qu'est-ce que cela fait, ma mère ?

— Ah ça! mais tu ne me comprends donc pas ! — Mlle Euphémie t'aime, et elle m'a offert de t'épouser.

Clovis resta comme frappé de la foudre — après quelques instants de silence — il se dit tout bas : — Mais Isoline ! — et il dit tout haut : — Cela ne se peut plus, ma mère.

— Tu es fou ! La chère fille a trente mille francs de rentes. En prononçant le mot oui, tu acquiers une fortune que le labeur de toute ta vie ne te donnerait pas — trente mille livres de rentes — tu montes ta maison sur un grand pied, tu te répands dans le monde, et il t'est plus facile d'acquérir cent mille livres de rentes que de vivre chichement en commençant avec rien, comme tu fais.

— Mais, ma mère, elle a trente ans de plus que moi.

— Elle le sait bien, mais elle sait aussi qu'elle doit compenser ce défaut par ses soins, sa douceur, sa complaisance. — Mais, vois-tu, mon fils, je suis bien fatiguée, bien affaiblie ; — j'ai besoin d'aisance et de repos.

— Mais, ma mère — s'écria Clovis — et Isoline !

— Qu'est-ce? de quelle Isoline veux-tu parler? est-ce de la nièce de Mlle Euphémie? mais vous n'avez jamais échangé un mot depuis votre enfance.

— Cela n'empêche pas que je l'aime, ma mère, que je l'adore, que, depuis que je l'ai revue, c'est pour elle et pour vous que je travaille ; qu'elle est comme vous, presque autant que vous, le but de ma vie.

Il parlait avec tant de véhémence, que la Gosseleine ne répondit rien et se prit à pleurer ; il comprit ces larmes, elle voyait qu'il ne pouvait pas épouser Mlle Euphémie, que tout était perdu.

Quand Clovis vit pleurer cette pauvre vieille femme qui depuis tant d'années souffrait pour lui la fatigue et la faim, son cœur se fondit. — Ma mère, lui dit-il, pardonnez-moi, vous serez heureuse, vous serez riche, j'épouserai mademoiselle Euphémie.

— Ecoute-moi, Clovis, dit la Gosseleine, je sais bien que le chagrin que tu éprouves ne sera pas de longue durée, mais cependant je ne puis me résigner à te la faire épouser.

— Non, ma mère, c'est décidé, j'épouserai mademoiselle Euphémie.

Astérie embrassa son fils.

Le soir il évitait Isoline, mais elle le cherchait ; elle profita d'un moment où ils étaient seuls pour lui dire : — Il faut que je vous parle, j'irai chez vous à minuit.

Qu'on se représente à quelle émotion il fut en proie en attendant Isoline. C'était son premier, son seul amour ; elle l'aimait ; il n'en pouvait douter. Il l'attendait, seul, chez lui. Quand l'heure sonna, elle ne tarda pas à arriver, mais son air était sérieux, imposant même.

— Ecoutez — lui dit-elle — les circonstances où nous nous trouvons m'ont fait passer par-dessus les convenances, mais j'aime mieux manquer aux convenances que manquer aux devoirs.

Je dois tout à mademoiselle Euphémie, non-seulement pour moi — je saurai renoncer à ses bienfaits — mais pour ma vieille mère, qui, grâce à elle, est dans l'aisance. Vous devez tout à votre mère, vous m'aimez et je vous aime, mais nous ne pouvons être l'un à l'autre qu'en les désespérant. D'ailleurs, il est douteux que nous réussissions même en leur perçant le cœur. Il faut nous résigner. Vous saurez que je penserai toujours à vous; que j'adresserai sans cesse au ciel des vœux pour votre bonheur, comme j'ai fait depuis notre enfance. Vous songerez aussi quelquefois à moi; plus tard nous pourrons être parents et jouir d'une tendre et douce amitié.

Clovis était transporté ; il se jeta aux genoux d'Isoline. Il lui jurait d'être à elle, de n'être qu'à elle. Elle le releva, le calma, lui parla de sa mère. Ils se promirent en pleurant de ne jamais s'oublier, et de faire chacun leur devoir. A force de se promettre ces choses vertueuses, ils al-

laient les oublier quand Isoline se leva, rappela Clovis encore une fois à la raison, lui disant :
— Adieu ! mon ami. Elle s'échappa et disparut.

Le lendemain, — Astérie Gosselin appela Clovis dans sa chambre. — Il y trouva mademoiselle Bourgoin — elle était confuse — il lui baisa la main — il chercha à lui parler de reconnaissance — elle l'interrompit pour lui parler de projets d'avenir et d'arrangements — il la laissa avec sa mère — il dîna chez elle — après le dîner Isoline dit : — J'ai reçu une lettre de ma mère — Césaire insiste pour m'épouser — ma mère me fait de lui un éloge très-sérieux — elle dit que c'est un homme très-honnête et très-laborieux — elle désire vivement que ce mariage se fasse.

Mademoiselle Euphémie prêcha l'obéissance aux parents — elle fit l'éloge de l'agriculture — exalta les vertus des paysans qu'elle appela enfants de la nature, au lieu de les appeler lourdauds comme elle avait fait la première fois qu'il avait été question de ce mariage — elle dit qu'elle se ferait violence en se séparant de sa nièce, mais cependant qu'elle saurait sacrifier sa propre satisfaction au bonheur d'Isoline. Clovis cherchait les regards d'Isoline, mais elle évita les siens avec une résolution invincible. Il souffrait horriblement de la voir passer aux bras d'un autre homme, mais cependant il comprenait que leur position, pour être supportable, devait être tranchée d'une manière complète. D'ailleurs, il y avait chez Clovis, outre la douleur de la perdre, une grande honte d'épouser une vieille femme, et de l'épouser pour son argent; il ne s'abusait pas sur ce que c'est en réalité que ce qu'on appelle un mariage de convenance, il savait comme aujourd'hui qu'un mariage de convenance est une union entre gens qui ne se conviennent pas — quand les biens de l'un sont la ressource de l'autre. Il déplorait la passion de cette femme qui ne pouvait plus être jeune, qui ne voulait pas être vieille — qui conséquemment n'avait ni charmes ni dignité — et ne pouvait inspirer ni amour ni respect. — Il comprenait qu'Isoline ne voulait pas assister à son mariage —

pour lui rien au monde ne l'aurait décidé à l'en rendre témoin. — Mademoiselle Euphémie voulut la faire signer au contrat, mais Isoline n'y avait que faire — seulement elle lui fit don régulièrement de la somme qu'elle avait destinée à sa dot. Elle quitta la maison pour aller chez sa mère. — Pour Clovis il prétexta un accident survenu chez son seul client pour ne pas être à la maison au moment du départ. — Mademoiselle Euphémie voulait la faire revenir pour les noces, mais Clovis avait parlé à sa mère qui l'en détourna. Isoline, d'ailleurs, obéissant aux mêmes sentiments qui dirigeaient Clovis, écrivit qu'il n'y avait rien de décidé pour son mariage, mais que sa mère était malade. Elle envoyait des vœux pour le bonheur de sa tante et pour celui de *M. Gosselin.* Astérie causait souvent avec son fils et lui faisait voir quel aurait été son sort s'il avait eu moins de courage ; Isoline déshéritée et condamnée à la pauvreté, soit qu'elle l'eût épousé, soit qu'elle fût restée fille.

— Oh ! ma mère, ne me parlez pas de la possibilité d'avoir Isoline pour femme, l'idée de la pauvreté pour elle et pour moi, de la mort pour elle et pour moi, tout s'efface quand je songe à la possession de cette charmante fille. Ne parlons que de vous : je ne serai pas malheureux, soyez tranquille : vous voir heureuse, ça me servira de bonheur.

Clovis épousa Mlle Euphémie, puis il se mit à attendre la clientelle dans un fauteuil de velours, au lieu de l'attendre sur une chaise; dans un appartement somptueux du premier étage d'une maison à lui, au lieu d'un demi-taudis dont il ne payait que difficilement le loyer. Mais la clientelle ne venait pas.

Clovis n'avait pas la vocation de la médecine pratique, mais la science avait, pour un esprit curieux et intelligent comme le sien, des attraits auxquels il s'abandonna. D'ailleurs, pour se former une clientelle en se servant des avantages de sa nouvelle position, il aurait fallu aller dans le monde.

Euphémie Bourgoin, aujourd'hui madame Gosselin, n'eût pas demandé mieux — elle avait même fait faire un bonnet rose qu'elle espérait bien ne devoir pas être le dernier. La vieille fille — nouvelle mariée — pensait être devenue une jeune femme, mais le ménage nouveau, que l'on appelait dérisoirement Pyrame et Baucis, était l'objet de sarcasmes si peu déguisés, que Clovis prit à partie un monsieur auquel il donna un coup d'épée.

— Allons! — dit-il en rentrant chez lui le jour du duel — voilà un client que je donne à un confrère.

Il prétexta des études, des travaux scientifiques, et ne mit plus les pieds dans un salon.

Euphémie aimait passionnément son mari, elle devint jalouse.

— Votre femme est jalouse de son ombre — lui dit un jour un de ses amis.

— Vous tombez bien mal, répondit Clovis. Son ombre est précisément la seule chose dont elle ne soit pas jalouse.

La flamme de Clovis, à l'endroit d'Euphémie, n'avait jamais été qu'un tiède feu de braise. Euphémie fut fort désappointée par les empressements tempérés de l'hymen; elle devint querelleuse ; l'avarice, un moment exilée ; revint bientôt. Elle s'effraya des prodigalités de son mari ; elle s'emporta un jour jusqu'à lui dire qu'il fallait être plus ménager du bien d'autrui. Clovis fut tellement offensé de ce reproche, qu'il fit venir un maçon et murer la porte qui communiquait de son appartement dans celui de sa femme.

Quelques malades surviennent, ils servirent un peu de raison, beaucoup de prétexte à Clovis pour rester une partie du jour dehors.

Euphémie, dont l'amour se tourna en haine, s'en prit à Astérie Gosselin, à laquelle elle fit de durs reproches de l'avoir fait tomber dans un piége et d'avoir exercé sur elle une honteuse spéculation.

Elle lui reprocha ses manières, ses bonnets normands, ses habitudes, son accent.

Astérie essaya de mettre des chapeaux — elle devint tout à fait ridicule.

La bru finit par lui rendre sa maison insupportable ; elle ne voulut pas affliger son fils, dont d'ailleurs elle redoutait les reproches pour la destinée qu'elle lui avait faite. Elle prétexta la mauvaise influence sur sa santé de l'air de Paris — elle alla demeurer à Montmartre.

Quelquefois son fils allait la voir — il ne parlait pas de ses chagrins — mais elle ne les lisait que trop sur sa figure. Une lettre d'Hérambert surtout lui ayant appris qu'Isoline n'était pas mariée, il eut quelques jours un profond désespoir, pendant lesquels il se sentit tellement aigri contre sa mère qu'il cessa d'aller la voir.

Pour elle, elle ne se pardonnait pas d'avoir engagé Clovis dans cette route funeste : elle expiait du reste cruellement son opiniâtreté. Seule, sans voir ce fils auquel elle avait tout sacrifié, excepté sa folle ambition et son inflexible volonté, elle passait ses journées dans l'abattement et dans les larmes, et ses nuits en proie à d'horribles rêves.

Il arriva un jour qu'elle fut renversée par une voiture et qu'elle se cassa le bras : elle se fit porter chez son fils.

— Dites au docteur Gosselin que c'est sa mère.

Clovis accourut et lui prodigua les soins les plus tendres.

Tous deux n'osaient plus se parler de leurs chagrins, mais tous deux étaient maigres et pâles ; tous deux avaient les yeux rougis par l'insomnie ; ils ne se parlèrent pas, mais ils se dirent tout dans un embrassement.

Quand Astérie fut guérie — elle profita d'un jour où son fils était absent pour avoir une explication terrible avec Euphémie — elle lui reprocha le malheur de son fils — Euphémie lui reprocha le sien.

La veuve Gosselin annonça qu'elle allait partir, mais elle proféra les plus horribles menaces contre Euphémie, si elle ne devenait pas plus douce à l'égard de Clovis, et si elle ne lui rendait pas l'existence au moins supportable.

Elle resta encore un mois — puis reprit son bonnet — sa jupe rayée, et retourna à Bléville — là elle n'avait plus de maison — plus de terre — elle se fit servante et recommença, vieille et usée, à gagner péniblement son pain.

— En vain son fils lui envoyait de l'argent — elle refusait de le recevoir.

— Non — disait-elle — c'est l'argent de sa méchante femme, le pain qu'il me donnerait m'étoufferait.

Cette résolution acheva d'abattre Clovis. Tout à coup sa femme tomba malade et mourut. Tout porte à croire qu'elle s'était empoisonnée; on trouva sur elle des traces visibles de poison....

Clovis alla faire un long voyage; graduellement il retrouva la santé et le calme, et il revint à Bléville. Il trouva la veuve Gosselin encore amaigrie. Il était revenu de son voyage en pensant à Isoline. — Si elle m'aime encore — se disait-il — si elle n'a pas conçu pour moi un juste mépris, eh bien! je suis libre, je l'épouserai.

Isoline était mariée, et il vit deux charmants enfants sous la tonnelle de chèvrefeuille qu'ils avaient autrefois planté ensemble; le père de ces enfants était Hérambert, le maître d'école.

Il trouva sa mère servante chez Anthime,

l'usurier qui avait acheté leur masure. Il se jeta en pleurant dans ses bras.

— Oh! mon fils! dit la pauvre vieille femme, pardonne-moi. Et elle se jeta à ses genoux.

Ne parlons pas du passé, ma mère! — dit Clovis en la relevant et en l'embrassant tendrement — nous nous sommes trompés.

Ne nous séparons plus et achevons de vivre ensemble.

Il acheta une petite maison. Mais quand il écrivit à son notaire pour avoir les fonds nécessaires, il apprit :

1° Que sa femme avait fait un testament qui lui enlevait la moitié de sa fortune;

2° Que ledit notaire avait emporté l'autre moitié, à l'exception de la maison de Paris sur laquelle il n'avait que donné une hypothèque pour un emprunt considérable qui absorbait à peu près toute sa valeur.

Clovis, ruiné — n'achète plus de maison — il loue la masure, qui lui avait appartenu, à Anthime l'usurier. — Il est médecin, il tâche de retrouver la clientelle du docteur Lemonnier. —

Le hasard fait qu'il trouve à acheter un cheval pie. Il tâche de consoler sa mère en feignant d'être consolé lui-même.

— Eh bien! ma mère — lui dit-il — voici votre rêve réalisé.

— Ah! dit-elle, moins notre pauvre maison où tu es né — et où je ne suis pas sûre de mourir; moins ton joyeux cœur d'enfant et ta figure pleine de santé — avec le désespoir et le remords pour moi!

Clovis réussit à vivre avec sa mère à l'abri du besoin; mais la veuve Gosselin va toujours s'affaiblissant; à l'amaigrissement du corps viennent succéder la torpeur et la débilité de l'esprit; elle se livre aux plus minutieuses pratiques de la dévotion; elle jeûne; elle fait des aumônes, prises le plus souvent sur ses besoins et sur ceux de son fils; elle fait dire des messes et brûler des cierges.

Quelquefois, la nuit, elle se réveille en proie à d'épouvantables terreurs, en jetant des cris de désespoir et en demandant pardon à Dieu, à son fils, à Euphémie, à Isoline; sa tête finit par s'égarer; elle meurt dans d'horribles convulsions, en s'accusant hautement d'avoir empoisonné la femme de son fils. Clovis, en proie à la plus profonde horreur, veut se faire sauter la cervelle ; il charge ses pistolets. Il entend du bruit dans la cour ; il regarde ; il voit les enfants d'Isoline et d'Hérambert, qui se sont glissés par le trou qu'il avait creusé autrefois pour aller voir leur mère sous le talus qui sépare les deux cours.

— Oh ! dit-il — mourir ! et laisser les autres heureux — heureux de mon bonheur qu'ils m'ont volé — qu'ils ont au moins ramassé quand je l'ai laissé étourdiment tomber — non, ils n'hériteront pas des joies que j'avais rêvées, personne ne me pleurerait — je veux qu'on pleure après ma mort !

Il dirige son arme sur un des enfants, le plus beau — celui qui ressemble à la mère — mais Hérambert paraît au-dessus du fossé. — Ah ! j'aime mieux cela ! — s'écrie-t-il — cet enfant ne m'a rien fait, que de ne pas être mon fils : mais toi, traître ami — tu mourras avant moi.

Je veux qu'Isoline ait un chagrin et porte un deuil qui date du jour de ma mort. — Il vise Hérambert et tire — Hérambert tombe en poussant un cri — Isoline accourt — se jette éperdue sur le corps de son époux....

A mon tour — dit Clovis — et il appuie le second pistolet sur son front. . . . . .

CHAPITRE XVI.

A ce moment la voix d'Astérie Gosselin se fait entendre sur le mode le plus aigre en appelant son fils.

— Mais viens donc, Clovis — c'est Anthime qui arrive.

Clovis se réveille — son front est baigné de sueur — son visage inondé de larmes, il voit devant lui Hérambert assis à la table sur laquelle il s'était endormi, après leur dîner normand Hérambert fume encore sa pipe.

Clovis se jette dans ses bras.

— Hérambert! mon ami, mon maître, et des sanglots lui coupent la parole.

A ce moment la cloche de l'église tinte, c'est la fin des vêpres. Isoline revient avec la veuve Séminel, elle est suffoquée de joie et se jette dans ses bras en disant:

— Vous voyez bien, ma mère, qu'il est revenu, que je ne m'étais pas trompée!

La veuve Gosselin arrive avec Anthime.

Clovis — tenant la main d'Isoline: — Ma mère, dit-il — le front haut, le regard calme, la voix impérieuse et brève — je ne vends pas la maison. J'y suis né, j'y mourrai, vous serez heureuse ici, je saurai travailler pour vous, j'entourerai votre vieillesse de soins et de tendresse. Mais Dieu a eu la bonté de me faire naître laboureur, je serai laboureur.

Je vous rends mille grâces, ma bonne, ma chère mère, de l'éducation que vous m'avez donnée au prix de tant de fatigues et de privations; ce que je sais ne sera pas perdu pour mon avenir et pour mon nouvel état. M. Hérambert me l'avait appris, et je l'ai vu par moi-même.

je n'ai vu personne trop savant pour être laboureur ; plus de la moitié des gens qui exercent cette profession ne le sont pas assez.

Ma mère, dit-il, en l'interrompant et en l'embrassant, j'ai de vous au besoin une volonté ferme — celle-ci est immuable — je ne sortirai plus de notre masure, et si le cheval pie du docteur Lemonnier — ajouta-t-il en souriant — se montrait dans ma cour, je l'attellerais à ma herse ou à ma charrue. — Heureux rêve qui m'a sauvé ! ajouta-t-il tout bas.

CHAPITRE XVII.

Conclusion.

La veuve Gosselin fut longtemps triste et désappointée ; mais elle finit par prendre son parti du bonheur que lui firent son fils Clovis et Isoline sa bru. Hérambert avait prêté de l'argent pour payer ce qu'on devait à mademoiselle Euphémie Bourgoin. Il en prêta aussi pour mettre la cour et le lot de terre en valeur. Grâce à ses connaissances et à celles qu'acquit rapidement Clovis, leur petit bien décupla de valeur.

A l'époque où je les ai vus, car je les connais tous et ils sont mes voisins, ils étaient parfaitement heureux et ils faisaient une éloquente protestation contre cet aphorisme désespérant, que j'ai vu si souvent et si tristement vrai : « l'homme s'accoutume à tout, excepté au bonheur et au repos. »

C'est par une belle soirée de printemps, sous les pommiers en fleurs, que Clovis, après m'avoir raconté son histoire, y ajouta le récit de son rêve, que jusque-là, malgré les instances les plus réitérées, il n'avait voulu dire ni à sa femme, ni à sa mère, ni à Hérambert, le maître d'école.

FIN DE CLOVIS GOSSELIN.

QUELQUES PENSÉES

SUR L'ÉDUCATION.

SUR L'ÉDUCATION UNIVERSITAIRE

ET

SUR L'ÉDUCATION PROFESSIONNELLE.

En fait d'éducation, je voudrais qu'elle fût gratuite, obligatoire, pour ce qui concerne la lecture, l'écriture, l'arithmétique et le dessin linéaire ; l'homme qui ne possède pas ces connaissances à un certain degré est au moins aussi infirme qu'un boiteux ou un manchot.

Mais quand il s'agit d'aller plus loin, il me prend quelques scrupules.

En effet, voilà un bien grand nombre d'enfants engagés dans la voie élargie des études universitaires. — Où mène cette voie ?

Lorsque l'éducation était un bienfait exceptionnel, qui n'était destiné qu'à un très-petit nombre, on étudiait pour être prêtre, médecin, avocat, magistrat, écrivain, etc., et les universités fournissaient de prêtres, de médecins, d'écrivains et d'avocats, à peu près le nombre nécessaire à la consommation du pays.

Mais quand l'instruction est devenue le patrimoine de tout le monde on n'a pas songé que tout le monde ne pouvait pas être poëte, avocats, médecin et prêtre, — et on a donné à tous les enfants d'un pays une instruction qui ne prépare qu'à ces professions.

Or, d'autre part, on est tombé en France dans une étrange et dangereuse erreur pour ce qui regarde l'*égalité*, — on s'est figuré que l'égalité consiste à être tous la même chose, — et toutes les familles ont mis toute leur ambition en ne regardant à aucun sacrifice, à jeter leurs enfants dans cette voie:

Au bout de quelque temps on a remarqué cependant que, faute d'aptitude ou d'argent, beaucoup de pauvres diables qu'on y engageait tombaient fatigués ou découragés à moitié de la route, ce qui n'empêchait pas que ceux qui arrivaient étaient encore trop nombreux, et, parvenus au but, s'arrachaient les lambeaux des causes et des maladies sans réussir à assouvir leur faim cruelle ; — on a vu que pour le plus grand nombre cette voie ouverte à tous était terminée par un précipice.

Qu'a-t-on fait depuis quelques années ? on a voulu lutter contre l'encombrement des trois ou quatre professions auxquelles prépare l'instruction universitaire, — et on en a rendu la porte plus étroite. — Mais, par une singulière aberration, c'est la porte de sortie dont on a diminué la largeur ; de sorte qu'on laisse comme autrefois s'engager autant de jeunes gens qu'il s'en présente dans une route qui doit être un cul de sac pour le plus grand nombre. — Cela me rappelle ce que j'ai vu en Suisse, à Lausanne, il y a quelques années : on monte à l'église de Lausanne par un chemin rude et escarpé, qui devient parfois un escalier.

Quand on est arrivé tout haletant, on trouve l'église fermée, et on lit sur la porte qu'il fallait en demander la clé à un tel, teinturier, je crois, qui demeure au pied de la côte que vous venez de gravir.

Au lieu d'élever à l'issue du chemin des études universitaires des obstacles toujours un peu plus difficiles, — obstacles qui ne servent qu'à estropier un certain nombre de concurrents, n'aurait-il mieux valu placer ces obstacles à l'entrée. Qu'arrive-t-il en effet? Autrefois on avait trop de médecins, d'avocats, etc. — Aujourd'hui on en a encore trop, mais moins cependant qu'on en aurait sans ces obstacles, c'est-à-dire que le nombre de ceux qui arrivent n'augmente pas beaucoup, grâce à ces obstacles, mais ne diminue pas non plus à cause du plus grand nombre de concurrents qui s'engagent dans la voie. — Or, de tous ceux qui reculent devant les dernières haies, de tous ceux qui tombent en essayant de les franchir et restent fourbus et éclopés, qu'arrive-t-il? — Un très-grand nombre de jeunes gens parvenus à l'âge de l'homme et du citoyen, non-seulement n'ont pas de profession, non-seulement n'ont aucun moyen utile pour eux et pour les autres d'employer leurs facultés, mais ils n'ont appris que l'inaptitude à toute autre profession qu'à celles qu'ils n'ont pu atteindre. — Ils retombent dans la société membres non-seulement inutiles, mais dangereux; ils y retombent aigris, incapables, ennemis, — obligés de se faire une place avec violence, — ne pouvant ni arriver au but, ni retourner au point de départ.

Instruction est un mot formé du latin *instructus*, qui veut dire armé, muni; — l'instruction doit avoir pour but de mettre un jeune homme à même la société convenablement équipé, c'est-à-dire tout prêt à vivre de l'emploi utile aux autres de ses forces et de ses facultés.

C'est un fait incontestable que cet élan de tout le pays vers les professions dites libérales; — c'est un fait non moins évident que l'abandon du noble et beau métier de l'agriculture. — Si un cultivateur a quatre fils, il vivra de pain et d'eau pour qu'un de ses fils soit prêtre, un autre huissier; — le troisième, ouvrier dans une ville; — celui qu'il gardera auprès de lui, pour lui faire faire son état, pour lui laisser l'héritage de son expérience, est à coup sûr celui qui aura montré le moins d'intelligence. De sorte qu'à mesure que les villes s'encombrent de médecins, de prêtres, d'avocats, et d'une foule immense de gens qui sont tombés de fatigue sur la route de ces professions, elles s'encombrent aussi d'ouvriers de toutes sortes, qui doivent se disputer un nombre insuffisant de travaux, — et ainsi l'agriculture est abandonnée à un trop petit nombre de bras, lesquels bras, de jour en jour, arrivent à appartenir aux têtes les plus faibles et les plus inintelligentes.

Ce n'est donc pas assez d'avoir rétréci la porte de sortie des études universitaires, et d'avoir élevé devant cette porte un certain nombre d'obstacles rendus plus difficiles de jour en jour. En effet, ceux qui reculent, effrayés ou épuisés, devant ces obstacles, sont trop avancés pour retourner en arrière: ils restent là où ils sont tombés; — ceux qui se brisent en essayant de les franchir, sont également perdus pour la société, — ou plutôt les uns et les autres seront désormais à la charge de la société, qu'ils épuiseront et troubleront de toutes manières.

Si l'on doit mettre des obstacles à cette voie, ce n'est pas à son issue, mais bien à son entrée.

A l'entrée c'est un obstacle, à l'issue c'est un piége.

Mais avant de fermer ou de rétrécir le lit d'un fleuve, il faut lui en avoir préparé un autre.

Il faudrait donc partir de ce principe qu'un homme naît laboureur; que les individus seuls qui ont reçu des facultés différentes d'une certaine puissance sont appelés, par la nature et par le bon sens, à d'autres professions. — Mais si l'égalité ne consiste pas à être tous la même chose, elle consiste à trouver les mêmes avantages matériels et honorifiques dans les diverses professions. — Il faudrait donc d'abord honorer l'agriculture au moins au même degré que les professions qui sont le plus honorées; il faudrait bien inculquer dans les esprits, non pas seulement par des paroles, mais aussi par les exem-

17.

ples, qu'un excellent laboureur est l'égal d'un excellent avocat, d'un excellent écrivain ; mais qu'un mauvais avocat et un écrivain médiocre sont loin d'être les égaux d'un bon laboureur.

— Il faudrait qu'il y eût plus de chances pour un cultivateur habile que pour un mauvais avocat d'arriver aux places et aux honneurs, tandis que c'est tout le contraire aujourd'hui.

Il faudrait ouvrir de ce côté une voie aux bons esprits et aux esprits cultivés, et, pour leur ouvrir cette voie, il faut leur présenter un but.

Quand vous aurez fait cela, il sera temps alors de mettre des obstacles à la voie sans issue qui attire fatalement une si grande partie du pays. — Mais ces obstacles, il faudra les placer à l'entrée de la voie, — et ici, il s'agit encore de s'entendre.

Loin de moi la pensée de vouloir ressusciter des castes et des priviléges, et de vouloir dire — aux chênes seuls appartiendront les forêts ; — mais si le chêne végète puissamment dans une terre profonde, le bouleau s'accommode d'un sol maigre et rocailleux ; celui-ci ne gagnera pas grand'chose à être planté dans la terre qui convient au chêne, et le chêne mourra ou restera petit et rabougri dans le sol où prospère le bouleau. — Il s'agit de mettre autant que possible chacun à sa place, là où il sera heureux pour lui-même et utile pour les autres.

Il y a à fournir une carrière longue et difficile au bout de laquelle un petit nombre seulement doit arriver ; — ne laissez s'engager dans la carrière que ceux qui ont des chances de la parcourir jusqu'à la fin. — Vous aurez épargné à ceux qui n'atteindraient pas le but, du temps et de l'argent perdu, du découragement et du désespoir, — vous les aurez décidés, pendant qu'il en est temps encore, à prendre une autre route. — C'est précisément le contraire de ce que vous faites, et cependant je ne crois pas me tromper en affirmant que c'est ce qu'indiquent la raison et le bon sens.

Que l'instruction nécessaire à tous les hommes et à toutes les professions, que l'instruction qui complète l'homme, et sans laquelle il est infirme et inutile à lui-même et aux autres, que l'instruction primaire soit non-seulement gratuite, mais obligatoire ; — que le père soit obligé de la faire donner à son fils; que, dans le cas de l'impuissance du père, ce devoir incombe à la commune ; à défaut de la commune, au département.— Puis, au bout de ce premier chemin, qu'on s'arrête à un carrefour ; — qu'à ce carrefour où tous arrivent également instruits, *instructi*, armés, munis, équipés, — on montre à tous des voies diverses et toutes offrant le même but : l'existence pour tous, le bien-être pour les habiles et les sages, la fortune et les honneurs pour les excellents.

Que, chacun alors choisisse sa deuxième voie, après que le parcours de la première l'aura mis en état de choisir. — Que, cette voie choisie, il se prépare à y entrer, soit qu'il prenne à gauche ou à droite, soit qu'il se sente la force de continuer. Mais là doivent se trouver les obstacles non pas des obstacles puérils, inutiles à la carrière qu'ils ferment, comme ceux que vous avez placés si illogiquement à la sortie de l'éducation universitaire; mais des obstacles qui donnent la mesure graduée des forces qu'il faut apporter relativement à la longueur et aux difficultés de cette carrière, de façon que ceux qui sont admis à mesurer aient tous des chances probables d'arriver au but et ne soient pas coudoyés, et poussés, et arrêtés par une foule inutile qui tombera tout le long de la route.

Ainsi, au lieu que, dans l'état actuel des choses l'éducation professionnelle est l'exception et les études universitaires la règle, ce serait précisément le contraire qui devrait avoir lieu. — L'instruction primaire terminée, des examens, des concours détermineraient, et ceux qui doivent prendre de nouvelles munitions pour une carrière plus longue qu'on leur verrait la force de fournir dans le sens des études universitaires et littéraires, et ceux qui doivent entrer dans une des voies plus faciles ou plus courtes dès à présent ouvertes du carrefour où les ont conduits les études primaires ; — qu'arrivés à un nouveau carrefour, ceux qui se destinent aux professions exceptionnelles, qui sont devenues si malheureusement et si ridiculement le but de tout le pays, trouvent encore de nouveaux obstacles à franchir, c'est-à-dire subissent de nouveaux examens et de nouveaux concours ; — mais que ces obstacles se trouvent toujours placés là où ceux qui ne voudront ou ne pourront pas les franchir, trouveront à droite et à gauche des voies plus faciles, dans lesquelles la force et l'aptitude qu'ils ont montrées leur permettront d'aller au but, — c'est-à-dire que personne ne soit obligé, comme dans l'état actuel, de tomber fatigué, découragé, éclopé sur la route, n'ayant à choisir qu'entre se faire mendiant ou s'établir brigand, selon son tempérament et ses inclinations.

SUR LES PUNITIONS.

Comme j'entrais l'autre jour chez une charmante femme de ma connaissance, je la trouvai écrivant avec beaucoup d'énergie ; — à mon aspect, elle repoussa les papiers qui étaient devant elle.

Je ne puis m'empêcher de porter à plusieurs reprises les yeux sur ces papiers ; — elle s'en aperçut.

Ne me croyez pas indiscret, lui dis-je ; si je vous avais trouvée écrivant sur du papier glacé, je me serais bien gardé de tourner mes regards du côté d'une lettre commencée, mais vous écriviez sur des carrés de gros papier plutôt verdâtre que blanc...

C'est vrai, me dit-elle, mais ce n'est pas pour moi que j'écris : — nous avons un *pensum*.

— Comment vous avez un *pensum* !

— C'est-à-dire mon fils ; voilà ce que c'est : les études des enfants leur imposent une vie, je crois, trop sédentaire. — On dit qu'il y avait une secte de philosophes qui n'étudiaient qu'en marchant et en se promenant sous des arbres.

— Il me semble que c'est ainsi qu'on devrait instruire les enfants ; ils deviendraient des hommes plus forts et plus beaux.

Mais, non-seulement on leur fait passer une partie de leur vie assis, immobiles, courbés sur des livres, entassés dans des classes étroites.

Mais encore, à la moindre faute, on les prive de récréation, — c'est-à-dire, d'air et d'exercice, à un âge où tout est développement et croissance, à un âge où l'on prépare la santé ou la maladie de toute la vie. De sorte qu'un garçon, élevé au collége, s'il est un peu turbulent et indiscipliné, — c'est-à-dire si son tempérament exige plus d'exercice, court grand risque de passer assis tout le temps de ses études, faisant des *devoirs* pendant les classes, et des pensums pendant les récréations. C'est ainsi qu'on lance ensuite dans la vie des hommes grêles, faibles, rachitiques, lâches, méchants et envieux.

Eh bien! comme je ne veux pas que mon fils soit ainsi, quand il a des pensums, — ce qui lui arrive fort souvent, — c'est moi qui les fais. — Pendant que je griffonne pour lui, il court, il se promène, il saute.

Ce n'est pas tout à fait le but que j'aurais voulu atteindre, — car de cette manière ses fautes restent impunies et presque encouragées. Si on lui eût imposé d'autres punitions, j'aurais au contraire veillé à ce qu'il les subît ponctuellement; — mais quand je le voyais pâle, blême, maigre, — quand j'apprenais qu'il n'avait pas joué, ni couru, ni sauté, ni marché à l'air depuis bientôt un mois, — quand je le voyais reprendre son embonpoint et ses fraîches et vivantes couleurs de l'enfance, aussitôt que nous passions quelques journées à la campagne, — quand je ne pouvais me dissimuler que c'étaient les devoirs et les pensums *voraces*, se partageant son temps, qui lui enlevaient la force et la santé; — je me disais : le latin est bien cher.

Je vous assure que la besogne que j'ai entreprise pour lui conserver ses récréations, c'est-à-dire le jeu, l'exercice, la santé et son riant coloris, n'est pas une médiocre besogne.

Notre professeur de cinquième, l'année dernière, n'était pas trop sévère; — il donnait bien des pensums, comme les autres, mais c'étaient des verbes ou des vers français à copier.

Dieu sait combien — pendant que nous faisions notre cinquième — j'ai copié de fois des verbes humiliants, tels que les verbes bavarder, — dormir, — être paresseux, — répliquer, — mentir, etc.

Combien de fois j'ai copié la Cigale et la Fourmi, — la Grenouille qui veut se faire aussi grosse que le Bœuf, — le Chêne et le Roseau, — les Animaux malades de la peste, — et le récit de Théramène. Avec ce que j'ai fait de pensums, un nouvel Omar aurait chauffé pendant quinze jours les bains d'Alexandrie. J'ai acquis une grande rapidité à écrire ces choses, d'autant que, pour la vraisemblance, il faut qu'elles soient remarquablement griffonnées ; et ce qui me facilitait beaucoup la chose, c'est que je savais par cœur les trois ou quatre pièces usitées en fait de *pensum*. Mais le professeur de quatrième, outre qu'il donne plus de pensums que les autres, exige des vers latins, — des vers de Virgile. — Or, je ne sais pas le latin ; je dois donc copier lettre à lettre : c'est beaucoup plus long et en même temps, beaucoup plus ennuyeux. Avec cette centaine de vers français que ma mémoire savait, et qui une fois ma plume montée, en coulaient comme les grains de sable d'un sablier, je pouvais penser à autre chose. — Mais, en copiant servilement ces vers latins que je ne comprends pas, je suis forcée de leur donner mon attention tout entière. Aussi suis-je arrivée à partager tous les mauvais sentiments des écoliers contre ce professeur. Je n'apprends pas sans plaisir les, quelques mauvais tours qu'on lui joue Je ne vous retiens pas, — me dit-elle; — ou, si vous voulez attendre ma mère, prenez un livre, car je ne puis suspendre plus longtemps ma besogne. Je suis, comme disent les écoliers, écrasée de pensums. Il faut porter demain lundi au collége trois cents vers de Virgile, et depuis ce matin je n'en ai pu copier que cent cinquante. Mon enfant est allé se promener et jouer au ballon dans les Champs-Elysées. Moi je reste et je suis heureuse de lui donner ce plaisir salutaire par ce beau temps.

— Voulez-vous que je vous aide? dis-je à la jeune femme. J'aurai bientôt transcrit une centaine de vers de Virgile. Ma mémoire en a conservé un certain nombre, et je n'aurai pas besoin de copier comme vous.

— Non, me dit-elle. Il faut que ce soit entièrement de la même écriture. Nous avons en quatrième un homme bien dur et bien rigoureux; il les ferait recommencer. Mon écriture, quand j'écris vite et mal, ressemble assez à celle de mon fils; mais, si vous voulez me dicter, j'irai beaucoup plus vite.

Et reprenant le commencement de l'*Enéide*, je dictai :

> Ille ego qui quondam gracili modulatus avenâ
> Carmen, et, egressus silvis, vicina coegi
> Ut quamvis avido parerent arva colono,
> Gratum opus agricolis. Etc.

Et la jeune femme, penchée sur les carrés de papier qu'elle couvrait rapidement de lignes inégales, se tachait les doigts d'encre, tandis que les boucles de ses cheveux effaçaient quelquefois ce qu'elle venait d'écrire.

J'ai réfléchi, depuis, qu'elle avait bien raison dans sa critique du mode de punition appelé *pensum*. On ne se préoccupe pas assez de la santé, de la vigueur des enfants. — Il semble que, pourvu qu'ils apprennent le latin, et qu'un père bourgeois puisse dire orgueilleusement de son fils, à la sortie du collége :

> Il sait — le savant homme!
> Presque autant de latin qu'un savetier de Rome.

Il semble qu'ils n'ont pas besoin de savoir autre chose que le latin, ni d'être autre chose

18.

que latinistes. Ce serait une réforme très-utile à faire dans la discipline des écoles. La jeune mère dont je parlais tout à l'heure, disait avec raison — qu'il y a tel enfant qui passe à copier des vers tout le temps qu'il devrait employer à faire l'éducation de son corps, à développer ses membres, à devenir fort, souple, agile, dur à la fatigue, peu accessible à la maladie.

Ce n'est pas en vue de l'école, mais en vue de la vie qu'il faut élever les enfants, — disait Sénèque.

Qu'est-ce que les enfants doivent apprendre ? Ce qu'ils auront à faire étant hommes, — disait Agésilas.

Ne pourrait-on pas, au lieu de ces punitions ridicules qui consistent à faire copier aux enfants une centaine de vers pendant huit ans, ne pourrait-on pas imaginer des punitions qui ne leur enlèveraient pas un exercice indispensable à leur santé ? — Les priver de récréation, c'est-à-dire de jeux actifs et bruyants, — d'exercices violents, — c'est aussi absurde que si on leur enlevait, par punition, une partie de leur nourriture. On a imaginé le pain sec pour punition, mais on n'a pas inventé de diminuer la ration de pain.

Il serait facile de remplacer les pensums par une occupation ennuyeuse si l'on veut, mais exerçant les forces au grand air : tirer de l'eau à un puits, — bêcher la terre, — traîner du sable dans une brouette et l'étendre, — faire des fagots, — les porter d'un endroit à un autre, — et mille autres petits travaux qui, en privant les enfants des jeux qui les amusent, — ne nuiraient pas à leur santé en les privant d'air et d'exercice.

SUR LA FAUSSE ÉGALITÉ.

Aujourd'hui on commence par s'habiller, se parer; on se déguise en riche; ensuite on mange, on boit, on se chauffe avec le reste, quand il reste quelque chose. Chacun a la passion de paraître plus qu'il n'est; mais cette passion coûte cher. Pour la satisfaire, chacun dépense un peu plus qu'il n'a. Le seul résultat de cette triste comédie est une parfaite égalité de pauvreté et de misère, même pour ceux que la fortune avait voulu en affranchir.

Il faudrait que le bon sens et l'honnêteté publique arrivassent à créer des lois somptuaires, de ces lois qui sont toujours respectables parce qu'elles sont sous la protection du mépris et du ridicule.

Aujourd'hui qu'on peut être fier d'être ouvrier, pourquoi certains ouvriers qui avaient un costume à eux l'ont-ils abandonné pour s'affubler d'habits chers ?

Les charpentiers avec leurs vestes et leurs pantalons de velours n'étaient-ils pas mieux mis que lorsqu'ils portent gauchement des habits et des redingotes qui cherchent à imiter les vêtements des marchands riches ?

Que la femme ou la fille de l'ouvrier aiment à être bien mises, je le conçois, c'est un sentiment naturel, mais seulement pour être jolies et pas pour paraître riches; qu'elles évitent avec mépris les bijoux faux, les imitations d'hermine; qu'elles se fassent un costume conforme à leurs moyens et qu'elles se fient pour le reste à leurs grâces naturelles, à leurs yeux, à leurs dents, à leur fraîcheur, à leur modestie, à leur beauté.

Outre la misère à laquelle condamne le semblant de luxe, l'ouvrier pauvre n'ose plus mener sa femme et sa fille dans les lieux de plaisir honnêtes, où elles seraient humiliées, aujourd'hui qu'*il faut* une toilette trop chère. Il les laisse à la maison, s'il ne peut pas leur donner cette toilette. Plus de promenade, plus de danse, pas de mariage ; lui seul va au cabaret. Le dimanche, le jour de la famille, du repos et du plaisir, se passe dans la tristesse pour les femmes, dans la débauche pour les hommes.

Je ne parle pas ici seulement pour l'ouvrier : l'employé et sa femme, le rentier à tous les degrés, et « son épouse, » tout le monde veut se tromper. — Triste et coûteux carnaval !

Il n'y a pour ce mensonge que fait tout le

monde que deux résultats possibles. Si vous réussissez à avoir l'air très-riche, on vous envie, si vous ne réussissez pas, on se moque de vous.

Voici une femme qui passe ; à dix pas, elle a l'air d'une femme riche. Un manchon d'hermine, un voile de point d'Angleterre, des bracelets et des bagues jusque par-dessus ses gants.

A trois pas c'est une sotte qui promène une mascarade ; son hermine est du chat, ses bijoux du cuivre, son voile je ne sais quoi.

C'est la femme d'un employé à 1,500 fr. Ceux qui ne l'ont vue qu'à dix pas, ceux qui ont été dupes de l'hermine, des bijoux et du point d'Angleterre disent : Son mari est un voleur, ou elle est une prostituée. On n'est pas vêtue ainsi quand on a 1,500 fr. à dépenser par an. Je ne voudrais pas être son mari.

Que la même femme ait une robe de coutil

d'été, de laine d'hiver, un chapeau simple, des cols unis, mais bien blancs, ses cheveux bien lisses, la tournure décente, on dira : C'est une jolie femme, c'est sans doute la femme d'un employé à 1,500 fr., qui est modeste, bonne ménagère et point coquette ; et on enviera un peu son mari.

AB UNO DISCE.

J'ai vu hier une chose tristement comique.

Une famille de cultivateurs a cru devoir *pousser* un de ses membres : — un garçon a été mis *au latin*.

Dieu sait que de sacrifices *ce latin* a coûtés à ces pauvres gens ! — Dieu sait de combien de vêtements chauds l'hiver on s'est privé pour entretenir au collége l'orgueil futur de la dynastie ! — Combien de fois on a mangé de pain sec, quand arrivaient les époques fatales des quartiers à payer.

Il reste à la maison un fils et une fille. — La fille a manqué un bon mariage avec un garçon qu'elle aimait. — Ses parents n'ayant pas voulu lui donner une petite dot que demandait la famille du jeune homme, parce que tout l'argent était destiné à celui qu'on élevait pour en faire un monsieur.

Le fils conduit la ferme et nourrit tout le monde; — mais il a bien du mal à obtenir quelques livres pour suivre les progrès de l'agriculture. — Il a besoin de se quereller pour obtenir de ses parents le fumier nécessaire pour engraisser les terres. — Ni lui ni sa sœur n'ont d'habits propres pour le dimanche. — Le prix de leur travail opiniâtre est envoyé à la ville pour l'éducation universitaire du Monsieur.

Mais le Monsieur a écrit qu'il est bachelier.

Depuis quelques jours on attendait ledit Monsieur; il avait été passer le commencemént des vacances chez un camarade de collége, et il n'avait accordé que huit jours à sa famille. — Il avait annoncé, par une lettre qu'il allait arriver avec ce même camarade. — Ses parents sont fort riches, disait-il; — il espérait qu'on lui ferait un bon accueil, et qu'on n'aurait pas l'air trop paysans.

Depuis la réception de cette lettre ces pauvres gens sont dans une agitation singulière; d'abord on se prive de tout pour pouvoir dépenser davantage quand le Monsieur va arriver.

On a vendu deux vaches, — on a renoncé à acheter un cheval dont on a besoin et pour lequel on était en marché.

On a collé du papier neuf dans les deux belles chambres, le père, la mère, le fils et la fille coucheront au grenier sur de la paille.

On a emprunté des couverts d'argent, parce

que M. le bachelier avait montré aux vacances précédentes un dégoût profond pour l'étain.

On aurait bien voulu avoir un tapis, mais c'est fort cher, et cependant il s'était tellement plaint des carreaux de briques, que la mère a eu l'idée ingénieuse de coller par terre, dans les chambres destinées à son fils et au camarade dudit, du papier peint simulant le tapis.

Ces deux jeunes gens sont arrivés hier matin. — A la frugalité la plus sévère, — bien plus, aux privations, — ont succédé subitement l'abondance et la profusion. — Le bachelier n'en a pas paru touché ni reconnaissant; — il s'est occupé d'excuser auprès de son ami les manières et le langage des parents qui se sont faits ses esclaves, et qui usent leur vie à travailler pour lui; qui composent son luxe de leurs privations perpétuelles.

Il les a pris à part, et les a engagés à parler le moins possible à table; il les a repris durement et avec ironie sur quelques mots de leur village; il les a raillés sur leur accents; — il a accepté pour lui et son ami les meilleurs morceaux, — se levant de table à l'issue des repas, sans attendre que son père et sa mère en donnassent l'exemple, comme faisaient son frère et sa sœur. — Il n'y a pas d'impertinences qu'il ne dise et ne fasse depuis son arrivée.

Mais le père et la mère l'admirent; ils font signe au frère et à la sœur de se taire, s'ils veulent répondre à quelqu'une de ses sottises, et s'ils essaient seulement de parler à leur tour.

Il leur a déjà annoncé qu'il allait falloir redoubler de sacrifices, parce qu'il allait commencer à suivre le cours de droit. — Ces pauvres gens ont passé la nuit à chercher comment ils allaient trouver l'argent qu'il demande pour les premières inscriptions. Ils se sont arrêtés à l'idée de vendre encore deux vaches; — le fils aîné a dit : mais, quatre vaches de moins, c'est beaucoup, nous n'aurons pas de fumier pour nos terres cet hiver, et la terre amaigrie ne produira rien.

Les parents ne l'ont pas écouté.

Pour le jeune homme il s'est vanté au fils de l'huissier de la ville, dandy villageois, qu'il avait fait accroire à ses parents qu'il est bachelier, tandis qu'il a dépensé l'argent destiné à sa réception en parties de plaisir à la chaumière, à Mabille, au château d'Asnières, etc.

Comme, avant tout, il ne veut pas avoir l'air pauvre aux yeux du camarade qu'il a amené, pour expliquer l'absence de certains détails de luxe chez ses parents, il fait passer pour avares ces gens si généreux et si dévoués.

FIN.

TABLE.

PRÉFACE. v

CHAPITRE I.

Comment Césaire Gosselin rentra dans ses foyers. — Naissance d'Antoine-Clovis Gosselin. 1

CHAPITRE II.

Astérie Quertier (veuve Gosselin). 14

CHAPITRE III.

Clovis au latin. 30

CHAPITRE IV.

Isoline Séminel. 51

CHAPITRE V.

Lettre de Clovis Gosselin, étudiant en médecine, à Généreux Hérambert, maître d'école à Bléville. 80

CHAPITRE VI.

Clovis Gosselin, étudiant à Paris, à M. Généreux Hérambert, maître d'école à Bléville. 101

CHAPITRE VII.

Isoline Séminel. 113

CHAPITRE VIII.

Mademoiselle Euphémie Bourgoin et ses nièces. 134

CHAPITRE IX.

Comment il faut parfois donner du temps et faire crédit à la Providence. 156

CHAPITRE X.

La Providence donne quelques à-comptes à Clovis Gosselin. 167

CHAPITRE XI.

Un nouveau plan d'Astérie Quertier veuve Gosselin. 170

CHAPITRE XII.

Le mois de mai. 182

CHAPITRE XIII.

C'est bien assez que Clovis s'endorme. . . 195

CHAPITRE XIV. 197

CHAPITRE XV.

Pyrame et Baucis. 204

CHAPITRE XVI. 232

CHAPITRE XVII.

Conclusion. 235

QUELQUES PENSÉES SUR L'ÉDUCATION.

Sur l'éducation universitaire et sur l'éducation professionnelle. 239
Sur les punitions. 251
Sur la fausse égalité. 260
Ab uno disce. 265

FIN DE LA TABLE.

SAINT-DENIS.—TYPOGRAPHIE DE PREVOT ET DROUARD.

www.ingramcontent.com/pod-product-compliance
Lightning Source LLC
Chambersburg PA
CBHW050650170426
43200CB00008B/1231